W0012773

Keine Toleranz bei Gewalt!

Walter Kowalczyk/Klaus Ottich (Hrsg.)

Erziehen:
Handlungsrezepte für den Schulalltag
in der Sekundarstufe

Cornelia Hummel
Fotini Papadopulu

Erziehen: Handlungsrezepte für den Schulalltag in der Sekundarstufe
Keine Toleranz bei Gewalt!

Mit CD-ROM

Cornelsen
SCRIPTOR

Die in diesem Werk angegebenen Internetadressen haben wir überprüft
(Redaktionsschluss 31. 10. 2003). Dennoch können wir nicht ausschließen, dass unter
einer solchen Adresse inzwischen ein ganz anderer Inhalt angeboten wird.

Systemvoraussetzungen für die Benutzung der beiliegenden CD-ROM
- Pentium-PC mit MS Windows 95b, 98, ME, NT 4.0, 2000 oder XP,
  Bildschirmauflösung 800x600 mit mind. 16 Bit und empfohlenen 24 Bit Farbtiefe
- CD-ROM-Laufwerk
- MS Word ab Version Office 97
- aktiver Internetzugang

Das Programm läuft nur mit eingelegter CD-ROM und ist mit einem Kopierschutz
versehen.

 http://www.cornelsen.de

Gedruckt auf chlorfrei gebleichtem Papier
ohne Dioxinbelastung der Gewässer.

Bibliografische Information
Die Deutsche Bibliothek verzeichnet diese Publikation in der
Deutschen Nationalbibliografie; detaillierte bibliografische Daten
sind im Internet über http://dnb.ddb.de abrufbar.

5.	4.	3.	2.	1.	Die letzten Ziffern bezeichnen
08	07	06	05	04	Zahl und Jahr der Auflage.

Redaktion: lüra – Klemt & Mues GbR, Wuppertal
Umschlagentwurf: Dagmar und Thorsten Lemme, Berlin
Illustrationen: Ulrike Selders, Köln
Satz: stallmeister publishing, Wuppertal
Druck und Bindearbeiten: Clausen & Bosse, Leck
Printed in Germany
ISBN 3-589-21879-7
Bestellnummer 218797

Inhalt

Übersicht über die Anregungen, Übungen und Materialien

Vorwort der Herausgeber

Die Klagen über problematisches Verhalten von Schülerinnen und Schülern häufen sich. Viele Lehrerinnen und Lehrer fühlen sich überfordert und sind unsicher, wie auf Verhaltensentgleisungen zu reagieren ist. „Wir können doch nicht aufarbeiten, was in den Elternhäusern versäumt worden ist!", hört man von Lehrerseite oft. Vom Versagen der ausgebrannten und hilflosen Pädagogen berichten die Medien, aber auch von ratlosen und hilflosen Eltern. Extreme psychische Belastungen im Lehrerberuf werden konstatiert, aber auch kläglich wirkende Versuche mancherorts, den bedrängenden Herausforderungen Paroli zu bieten. Was ist zu tun?

Eine neue Reihe des Cornelsen-Verlags reagiert auf die aktuelle Situation und bietet Handlungsrezepte für typische Problemlagen des Schulalltags an: das erzieherische Engagement unterstützen, die Unterrichtsvorbereitung erleichtern. Die neue Reihe „Erziehen: Handlungsrezepte für den Schulalltag in der Sekundarstufe" besteht aus einem Grundlagenband und einzelnen Materialbänden. Im Grundlagenband skizzieren die Autoren den theoretischen Hintergrund der Themenfelder und deren Teilbereiche und verdeutlichen die Ausführungen durch Fallbeispiele. Der Band gibt außerdem Anregungen für eine vertiefende Lektüre und bietet wichtige Praxishilfen: Beispiele für die innerschulische Problembewältigung.

Grundgedanken und Leitlinien der Materialbände

▓ Das Konzept der Materialbände geht von der konkreten Beobachtung aus, dass Lernprozesse besser gelingen, wenn die persönlichen Beziehungen und die Umgangsformen einen weitgehend störungsfreien Unterricht ermöglichen.

▓ Die Umsetzung wissenschaftlicher Erkenntnisse in den pädagogischen Alltag unterbleibt häufig, nicht zuletzt deshalb, weil sich die Lehrkräfte seit einigen Jahren verstärkt mit tief greifenden Veränderungen in der Schule beschäftigen müssen. Die Bände der Reihe „Erziehen" helfen explizit bei dieser Schwierigkeit weiter.

▓ Zur Orientierung an der Praxis gehören auch konkrete Vorschläge als Handlungsrezepte unterbreitet: inhaltliche wie methodische Konzepte, an denen man sich orientiert, wenn man sie für vernünftig hält.

▓ Die hier entwickelten Vorschläge zielen in zwei Richtungen: Sie geben Hinweise, wie der Schulalltag möglichst störungsfrei gestaltet werden kann und sie verdeutlichen sie an Beispielen, wie man angemessen auf Schwierigkeiten reagiert, die bei allem Bemühen auftreten können.

Vorwort: ein Erfahrungsbericht

Die erste Stunde: Deutsch in der 6b, eigentlich eine recht nette Klasse. Kurz vor der Tür des Lehrerzimmers sagt ein Kollege zu mir: „In deiner 6b werfen sie sich ganz schlimme Schimpfwörter an den Kopf. Ich habe vorhin gerade meine Englischstunde geopfert und mit ihnen darüber gesprochen, du kannst jetzt also weitermachen." Mir war nie aufgefallen, dass sich die Schülerinnen und Schüler so beschimpften.

Die Stunde begann und ich ließ mein Deutschbuch in der Aktentasche. Stattdessen fragte ich nach den Schimpfwörtern. Es wurde eine Deutschstunde der besonderen Art, und nur das sichere Gefühl, dass es wichtig ist, mit der Klasse darüber zu sprechen, ließen mich meine Scham überwinden, dieses obszöne Vokabular in der Klasse aufzugreifen. Aus der Stunde wurde eine Doppelstunde und ich erfuhr, dass es auch auf dem Schulflur so zugeht, im Pausenhof, auf dem Schulweg, im Bus, in der Stadt, im Hallenbad ... Sehr berührt hatte mich, dass die Mädchen vor gröbsten Beleidigungen und derber Anmache offenbar nirgends sicher waren – und dass sie offensichtlich der Ansicht waren, sich damit abfinden zu müssen. Ich war entsetzt darüber, dass ich von so vielem keine Ahnung hatte und dass ich nur durch Zufall davon erfahren hatte. Als es klingelte, wusste ich, dass ich an dem Thema weiter arbeiten musste, denn eines war mir klar geworden: Obwohl es in unserer Stadt noch verhältnismäßig ruhig zugeht, erleben unsere Schülerinnen und Schüler an der Schule und in der Stadt täglich erschreckend viel Gewalt. Diese Erkenntnis war der Grund, weshalb ich mich in Zukunft verstärkt für einen fairen und respektvollen Umgang in der Schule einsetzen wollte.

Kurz darauf bot ich an den Projekttagen ein Projekt zum Umgang mit Gewalt an, zu dem ich Fotini Papadopulu, Taekwondo-Meisterin mit viel Erfahrung in der Kinder- und Jugendarbeit, als Fachkraft hinzuzog. Wir sprachen über Höflichkeit und Respekt, leiteten die Klasse dazu an, Gefahren im Vorfeld zu erkennen, und übten nonverbale und verbale Abgrenzungsstrategien ein.

Viele Kolleginnen und Kollegen konnten damals nicht nachvollziehen, warum ich dem Thema eine solche Bedeutung zumaß und so entschieden gegen Beleidigungen, Hänseleien und Belästigungen eintrat. Sie beobachteten zwar auch, dass der sprachliche Umgangston immer rauer wurde, brachten dies aber nicht mit Gewalt in Verbindung.

Ein Baustein kam zum anderen

Die Arbeit kam einen großen Schritt weiter voran, nachdem Fotini Papadopulu und ich die Idee hatten, gemeinsam Selbstbehauptungskurse anzubieten, die sich inhaltlich an dem orientieren, was heute „Sozialtraining" genannt wird, und die Schulleitung dies begrüßte. Gegen einen finanziellen Beitrag der Eltern konnte nun die Schule regelmäßig Kurse für Mädchen und Jungen anbieten. Von den begleitenden Elternabenden profitierten nicht nur die Eltern, sondern auch die anwesenden Lehrkräfte sehr. Durch den Erfahrungsaustausch unter den Eltern erfuhren wir vieles, was uns wichtig erschien. Wir wurden beispielsweise über Buskonflikte informiert und darüber, dass Mobbing auch nach einem Schulwechsel häufig nicht aufhört.

Ein weiterer wichtiger Schritt war die Kontaktaufnahme mit dem Jugendsachbearbeiter der Polizei, der Frauen- und Jugendbeauftragten und dem Sozialarbeiter der Stadt. Anfangs statteten nur die Teilnehmenden der Selbstbehauptungskurse diesen Fachkräften einen Besuch auf dem Revier oder im Rathaus ab, wobei sie deren Aufgabengebiete kennen lernten, ihnen von ihren Erlebnissen berichten und um Unterstützung bitten konnten. Aus diesen Begegnungen hat sich eine kontinuierliche Zusammenarbeit entwickelt, und viele Angebote, die die Polizei im Rahmen der kommunalen Kriminalprävention macht, sind seit Jahren fester Bestandteil unserer Präventionsarbeit.

Unsere Arbeit hat sich Schritt für Schritt weiterentwickelt, ein Baustein kam zum anderen, und jedes Jahr kommt etwas Neues hinzu. Was sich bewährt hat, versuchen wir in den Schulalltag zu integrieren, was nicht gut lief, verbessern wir oder lassen es weg. Weil wir die Schulgemeinschaft erst einmal für das Thema sensibilisieren wollten, haben wir zunächst kein großes und zeitaufwändiges Projekt eingeführt. Gewaltprävention soll Alltagssache sein, das war und ist unser Ziel. Wir versuchen deshalb die vielen Möglichkeiten zu nutzen, die die Arbeit an der Schule bietet, um gewaltpräventiv zu wirken: allen voran die frühe Kontaktaufnahme mit den Eltern bei Problemen und konsequentes Handeln bei Missachtung von Regeln.

Rückblickend können wir sagen, dass die gewählte Vorgehensweise die richtige für uns war. Diejenigen, die Halt und Unterstützung brauchen, werden aufgefangen und diejenigen, die sich Übergriffe erlaubt haben, lassen wir nicht entwischen – vorausgesetzt, wir erfahren davon.

Ein gemeinsames Problembewusstsein entwickelt sich nicht von heute auf morgen

Es kann nicht behauptet werden, dass an unserer Schule alle das gleiche Problembewusstsein haben, aber viele Kolleginnen und Kollegen nehmen heute die verschiedenen Formen von Gewalt an der Schule mehr wahr als noch vor einigen Jahren und treten deshalb konsequenter auf. Dazu beigetragen haben

- die kontinuierliche Arbeit und die dauerhafte Verankerung vieler Elemente im Jahresablauf,
- das Einbeziehen vieler Kolleginnen und Kollegen in verschiedene Aktivitäten,
- der Pädagogische Tag,
- die Umfrage an der Schule,
- die verstärkte Dokumentation von Vorfällen,
- die thematischen Elternabende zum Thema,
- die Kinder/Eltern, die den Mut hatten, ein Problem anzusprechen.

Kinder, die Unterstützung wünschen, weil sie gehänselt werden, nehmen heute sicherlich viele Kolleginnen und Kollegen ernster als früher. Wenn Mobbing vorliegt, nehmen sich manche Lehrkräfte sehr viel Zeit zur Klärung. Der Beschädigung von Schulmobiliar wird konsequenter nachgegangen und die Verschmutzung der Schulräume ist ein Thema geworden. Dem Reinigungspersonal ist es untersagt, über die Maßen verschmutzte Klassenzimmer zu reinigen. Tritt ein solcher Fall ein, so sind wir dazu angehalten, mit der Klasse ein Gespräch darüber zu führen – reinigen muss die Klasse dann ihren Raum selbst. Auf diese drastische Art und Weise merken schließlich auch die Schülerinnen und Schüler, bei denen Reden allein nichts hilft, dass es uns ernst ist. Die obige Liste muss also um zwei weitere Punkte ergänzt werden. Die Wahrnehmung des Kollegiums hat sich auch verschärft durch

- das konsequente Handeln der Schulleitung und
- die Zusammenarbeit mit dem Hausmeister und dem Reinigungspersonal.

Die Zusammenarbeit

Wir sind ein sehr großes Kollegium und einige Lehrkräfte versuchen auch bei Problemen allein mit ihrer Klasse klarzukommen. Insgesamt gesehen, ist der Austausch untereinander aber reger geworden, und es sprechen sich immer mehr Kolleginnen und Kollegen über ihre Vorgehensweise in einer

Klasse ab. Aus Zeitmangel findet die gegenseitige Information oft zwischen Tür und Angel statt, aber auch das hilft weiter. Etliche bitten von sich aus um Unterstützung und machen von dem Angebot Gebrauch, mit ihrer Klasse ein ein- oder zweitägiges Sozialtraining durchzuführen. Dies bleibt nicht ohne Wirkung auf die Schülerinnen und Schüler und auf die Eltern – auch deren Wahrnehmung wird schärfer.

Die Schülerinnen und Schüler erzählen den Eltern, den Lehrkräften und den Vertrauenslehrern erfahrungsgemäß nur sehr wenig. Als Opfer fühlen sie sich nicht wohl dieser Rolle, sie haben Angst vor Racheakten oder davor, als Petze dazustehen. Viele schämen sich auch, zum Opfer geworden zu sein. Sie fürchten auch, dass ihnen die Eltern zu ihrem Schutz etwas verbieten könnten, was sie gern tun.

Die Eltern sind oft verunsichert und wissen nicht, wie sie einen Vorfall einordnen sollen; oft wollen sie nicht als überfürsorglich dastehen. Auf den Klassenpflegschaftssitzungen sind sie meist sehr zurückhaltend und sprechen ein Problem von sich aus lieber nicht an. Wenn ein Elternabend zum Thema Gewaltprävention stattfindet, sieht das anders aus. Hier ist der Austausch immer sehr lebhaft und Gewinn bringend für alle Anwesenden. Nach solchen Elternabenden können wir Probleme oft sehr konkret angehen.

Gewaltprävention muss Chefsache sein

Unter den Schülerinnen, Schülern und Eltern hat es sich inzwischen herumgesprochen, dass das Kollegium und die Schulleitung auf der gleichen Linie sind und dass bei größeren Regelverstößen durchaus mit empfindlichen Strafen zu rechnen ist. So wie wir das beurteilen können, hat dies einen ausgeprägt präventiven Charakter.

Zusammenfassend lässt sich sagen: Eine starke Schulleitung ist unbedingt notwendig, wenn sich an der Schule wirklich etwas bewegen soll. Ihre Haltung hat großen Einfluss darauf, wie die Schulgemeinschaft das Thema wahrnimmt.

In diesem Buch bieten wir Ihnen die inzwischen über einige Jahre hinweg erprobten Ideen, Bausteine und Materialien an, mit denen wir bei unserer Arbeit zur Gewaltprävention gute Erfahrungen gemacht haben. Auf der Homepage unserer Schule (www.pg.aa.bw.Schule.de) finden Sie unter dem Link „Gewaltprävention" weitere Informationen über unsere Arbeit.

Cornelia Hummel und Fotini Papadopulu

1 Gewaltprävention als erzieherische Aufgabe

Nehmen wir einmal an, Sie haben sich entschlossen, der Gewalt an Ihrer Schule die rote Karte zu zeigen. Was bedeutet dies konkret? Zunächst einmal sicherlich, dass Ihr Leben nicht einfacher werden wird. Sie haben sich viel vorgenommen! Und Sie haben Recht damit! Denn nicht zuletzt besteht unser Auftrag als Lehrerin oder Lehrer nicht allein darin, Wissen zu vermitteln; wir haben die Schülerinnen und Schüler auch zu sozialem Verhalten zu erziehen.

Der Gewalt zu begegnen, das bedeutet, Grenzen zu setzen, konsequent aufzutreten, zu intervenieren, ernste Gespräche zu führen und Strafen zu verhängen. Dazu gehört auch der Mut, sich irren zu können. Vielleicht verdächtigen Sie einmal einen Schüler zu Unrecht. Oder Sie verhängen eine zu harte oder eine zu milde Strafe. Die Gespräche, die Sie mit Schülerinnen, Schülern, Eltern und Kolleginnen und Kollegen führen, können heikel sein. Sympathien sind da leicht verspielt und im Kollegium gilt man rasch als besserwisserisch und unkollegial. Decken Sie ein größeres Problem auf und bringen es zur Sprache, stehen Sie womöglich gar als Nestbeschmutzer da. Sie sitzen also sehr schnell zwischen allen Stühlen!

Sie sind verunsichert? Es wäre Ihnen nicht zu verdenken, wahrscheinlich fühlen Sie sich nicht ausreichend vorbereitet. Vielleicht erwägen Sie bereits einen Rückzieher: „Das ist mir zu stressig! Dafür bin ich nicht ausgebildet!"

Vielleicht denken Sie aber auch: „Jetzt erst recht! Ich bin zwar nicht darauf vorbereitet, aber ich möchte mit manchen Situationen an der Schule besser klarkommen als bisher. Es reicht, das muss anders werden!" Wenn dem so ist, dann finden Sie in diesem Band Unterstützung.

Was wir anbieten, sind Überlegungen und Erfahrungen aus der Praxis. Wir leisten seit 1995 kontinuierliche Arbeit auf dem Gebiet der schulischen Gewaltprävention und -intervention. Unser Erfahrungsbereich ist selbstverständlich begrenzt und unsere Sichtweisen und Einstellungen sind subjektiv, der Erfolg der durchgeführten Projekte mag dennoch motivieren. In dem

Kapitel „Bausteine" haben wir Schwerpunkte gesetzt, die aus unserer Arbeit erwachsen sind. Der Band erhebt keinen Anspruch auf Vollständigkeit, das ist wohl auch kaum sinnvoll. Die Anregungen, die Sie bekommen, haben sich in der Praxis bewährt. Sie können sich damit vergleichsweise sicher auf für Sie unsicheren Boden begeben, der Einstieg ins Thema wird erleichtert.

„Handlungsrezepte für den Schulalltag in der Sekundarstufe" lautet der Untertitel der Reihe Erziehen. Wir bieten Ihnen jedoch keine Patentrezepte an, dieser Materialband ist eher als „Basis-Kochbuch" zu verstehen. Um im Bild zu bleiben: Wir benennen die wichtigsten Zutaten, kochen müssen Sie selbst. Um wirklich erfolgreich zu sein, brauchen Sie auch ein wenig persönliche Fantasie und Engagement.

Was ist eigentlich ,Gewalt'?

Eine verbindliche, allgemein gültige Definition des Begriffes ,Gewalt' gibt es nicht. Die meisten Menschen verbinden mit Gewalt ausschließlich Angriffe auf den Körper, weshalb viele Schulen die Ansicht vertreten, bei ihnen gebe es keine Gewalt. Für die schulische Präventionsarbeit ist es notwendig, einen weit gefassten Gewaltbegriff zugrunde zu legen, der auch verbale Beleidigungen und psychische Verletzungen mit einschließt. Die umfassendste Vorstellung von Gewalt hat Galtung formuliert, der neben der physischen und psychischen Gewalt auch die strukturelle Gewalt beschreibt, wozu die schulischen Rahmenbedingungen wie Leistungsdruck oder politische, gesellschaftliche und familiäre Verhältnisse zu rechnen sind (GALTUNG 1975).

Ist das normal? Ja, das ist es: Sachbeschädigung, Rempeleien, Hänseleien, sexuelle Belästigung (meist von Mädchen) und Beleidigungen sind in jeder Schule täglich zu beobachten. Auch Buskonflikte sind an der Tagesordnung. Bei Sachbeschädigungen und Hänseleien verhalten sich Jugendliche eher verdeckt aggressiv. Schulmobiliar und Eigentum anderer Schülerinnen und Schüler werden beschädigt oder zerstört und keiner will es gewesen sein. Wird ein Kind geärgert oder gar gequält, so geschieht dies meistens nicht in Gegenwart der Lehrkraft, sondern in der Pause und auf dem Schulweg.

Formen der Gewalt im Schulalltag

Körperliche und seelische Gewalt

- Diebstahl, Erpressung
- Sachbeschädigung, Vandalismus
- Rempeleien, Schlägereien
- Hänseleien, Mobbing
- Verbalinjurien
- Waffen
- Rassismus, Fremdenfeindlichkeit
- sexuelle Übergriffe, Vergewaltigung
- Schulwegproblematik, Buskonflikte

Gewalt gegen die Schulautorität

- Unterricht schwänzen
- Arbeit verweigern
- Unterricht stören
- Lehrkräfte provozieren, beleidigen, blamieren, anlügen, anschreien
- Unterschrift fälschen

Gewalt durch Lehrkräfte

Auch Lehrerinnen und Lehrer üben Gewalt aus. Sie haben Macht, und wo Macht ist, da kommt es auch zu Machtmissbrauch. Lehrkräfte

- beleidigen, blamieren, machen lächerlich
- sind ironisch, zynisch, sarkastisch
- übergehen, schreien an, drohen
- machen Eltern schlecht
- geben undurchsichtige Noten
- lassen zu schwierige Klassenarbeiten schreiben
- bestrafen ungerecht

Wo fängt Gewalt an?

Ist ein Boxkampf Gewalt? Nein, weil zwei Ebenbürtige miteinander kämpfen und dabei bestimmte Regeln beachten. Also ist auch eine Rauferei oder ein Kampf zwischen zwei Jugendlichen keine Gewalt, solange bestimmte Regeln eingehalten werden. Generell gilt: Es handelt sich nicht um Gewalt, wenn der Unterlegene die Möglichkeit hat, den Kampf zu beenden, indem er etwa „Stopp!" oder „Halt, aufhören!" ruft.

Für Lehrkräfte bedeutet dies, dass sie eine Situation genau beobachten müssen, um entscheiden zu können, ob es Spiel oder Ernst ist. Es sollte nicht jedes Gerangel sofort unterbunden werden, aus Furcht, die Beteiligten könnten einander Schaden zufügen. Im Interesse der Psychohygiene vieler Jugendlicher sind spielerische Raufereien durchaus sinnvoll. Dadurch können Spannungen abgebaut werden und die Schüler können ein Körpergefühl entwickeln. Massive körperliche Gewalt wird in der Regel nur von sehr wenigen und fast ausschließlich von männlichen Jugendlichen ausgeübt. An der Hauptschule kommt es häufiger zu körperlicher Gewalt als an Gymnasien, hier wird Gewalt auf subtilere Art und Weise ausgeübt, zum Beispiel verbal oder durch Mobbing.

Aus dem Schulalltag: psychische Gewalt

- Lächerlich machen wegen der Kleidung: „Was hast du denn heute für Klamotten an? Hast du die aus dem Altkleidersack herausgefischt?"
- Beleidigung wegen des Körpergewichts: „Achtung, die Fettbacke kommt! Bringt eure Pausenbrote in Sicherheit!"
- Einschüchtern im Bus: „Das ist mein Platz, der ist nur für mich reserviert. Verpiss dich, sonst mach ich dich platt!"
- Drohen: „Du dämlicher Streber! Du schleimst dich bei den Lehrern ein und ziehst deine Show ab. Halt dich zurück, sonst geht´s dir dreckig!"
- Erpressen: „Wenn du mich nicht abschreiben lässt, dann bist du nicht meine Freundin."
- Taschengelderpressung: „Wenn du mir nicht einen Euro gibst, dann schick ich dir meine Kumpels an den Hals."

Aus dem Schulalltag: körperliche Gewalt

- Eine Gruppe von Achtklässlern bildet im Gang ein Spalier. Die Jungen warten, bis die Fünftklässler vorbeikommen. Sie kicken nach ihnen und gröhlen: „Na ihr Kleinen, heute schon euren Arschtritt bekommen?"
- Drei Jungen zerren einen als arrogant geltenden Mitschüler in die Toilettenräume, stecken seinen Kopf in die Kloschüssel und drücken auf die Spülung. Sie hatten ihm angedroht, sie würden ihm den Kopf waschen, wenn er nicht aufhören würde, etwas Besseres sein zu wollen.

- Zwei Jugendliche stülpen eine Plastiktüte über den Kopf eines Mitschülers.
- Ein Mädchen wird in eine Mülltonne gesteckt.
- Ein Junge zwingt einem Mädchen einen Kuss auf.
- Eine Gruppe Schüler lauert einem unbeliebten Mitschüler in einer abgelegenen Ecke des Pausenhofs auf, kreist ihn ein und pinkelt ihn an.

Aus dem Schulalltag: Mobbing

- Einmal Mobbing – immer Mobbing? Tobias wird seit dem Kindergarten gehänselt und ausgegrenzt. Diese Situation bleibt auch nach der Einschulung bestehen und verschlimmert sich nach dem Wechsel auf die Realschule noch. Das Mobbing hört nicht auf, es schließen sich immer mehr Kinder an. Tobias wird wieder zum Bettnässer, sinkt in den Leistungen ab und weigert sich schließlich, in die Schule zu gehen. Dabei ist er in keiner Weise irgendwie auffällig und hat sogar in der Nachbarschaft Spielfreunde. „Es ist doch nur ein Spaß …“, oder nicht?
- Einige Mädchen einer sechsten Klasse verbreiten über eine Mitschülerin, sie habe eine ansteckende Krankheit und man dürfe sie nicht berühren, sonst würde man sich anstecken. Sie üben diesen Psychoterror über einen längeren Zeitraum hinweg aus, wobei sich immer mehr Mitschülerinnen und auch Schülerinnen aus den Parallelklassen anschließen. Im Bus setzt sich niemand neben das verleumdete Mädchen, im Sport machen alle einen Bogen um sie, um eine Berührung zu vermeiden. Der Kuchen, den ihre Mutter für das Schulfest gebacken hat, bleibt unangeschnitten. Die Schülerin ist schließlich völlig isoliert und denkt an Selbstmord.

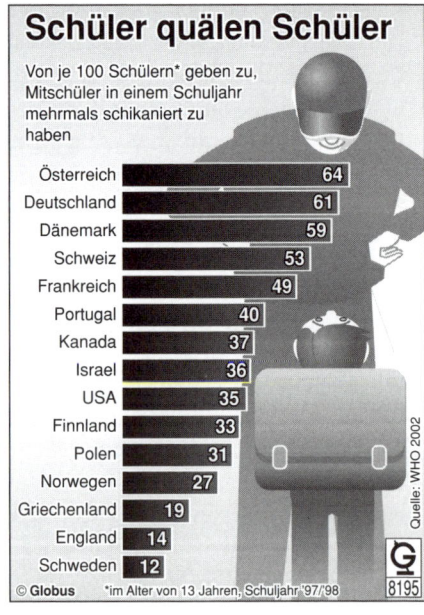

Schüler quälen Schüler

Von je 100 Schülern* geben zu, Mitschüler in einem Schuljahr mehrmals schikaniert zu haben

Österreich	64
Deutschland	61
Dänemark	59
Schweiz	53
Frankreich	49
Portugal	40
Kanada	37
Israel	36
USA	35
Finnland	33
Polen	31
Norwegen	27
Griechenland	19
England	14
Schweden	12

© Globus   *im Alter von 13 Jahren; Schuljahr '97/'98   8195

Quelle: WHO 2002

2 Erfahrungen: Das eigene Verhalten verstehen

Jede und jeder von uns hat eigene, ganz persönliche Erfahrungen mit dem Thema Gewalt. Auf einer Fortbildung für Gewaltpräventionsberaterinnen und -berater wurden einmal alle teilnehmenden Lehrkräfte gebeten, sich in die Mitte des Stuhlkreises zu stellen, wenn sie die vorgelesenen Sätze durch persönliche Erfahrungen bestätigen konnten. Es war für alle Anwesenden erstaunlich, wie viele eigene Erfahrungen hatten! Die Sätze lauteten in etwa folgendermaßen: Ich wurde schon einmal verprügelt. Ich wurde in meiner Schulzeit gehänselt ... bedroht ... erpresst ... ausgegrenzt ... gedemütigt ...

Es kann sehr aufschlussreich sein, sich Gedanken darüber zu machen, welche Erfahrungen man selbst mit dem Thema Gewalt hat. Welche Motive haben Sie, sich mit dem Thema auseinander zu setzen – was hält Sie davon ab? Diese Überlegung gilt natürlich auch in Bezug auf die Eltern und die Schülerinnen und Schüler.

Wir sind sicherlich alle auch nachhaltig dadurch geprägt, wie wir uns in der Vergangenheit gegen Gewalt wehren konnten, ob wir uns in bedrohlichen Situationen behaupten konnten oder nicht und ob wir als Opfer Unterstützung erfahren haben oder nicht. All diese persönlichen Erfahrungen begleiten uns mehr oder weniger bewusst, wenn wir mit gewalttätigen Situationen an der Schule konfrontiert werden. Ob wir dem Thema mutig entgegentreten und Möglichkeiten suchen, wie wir im schulischen Alltag damit umgehen können, oder ob wir dem Thema eher ausweichen und Gefühle der Verletzbarkeit und Hilflosigkeit verspüren – die Gründe sind in unseren persönlichen Erfahrungen zu suchen.

Die Motive, die sich aus der eigenen Biografie ableiten lassen, könnten also folgendermaßen formuliert werden: „Ich habe selbst Gewalt erlebt und möchte nicht, dass dies meinen Schülerinnen und Schülern auch geschieht". Probieren Sie es doch einmal selbst und ergänzen Sie den folgenden Satz:

„Ich ——————————————————————————

und deshalb ————————————————————."

Vielleicht lauten Ihre Motive so oder ähnlich?

- Ich möchte zu sozialem Verhalten erziehen.
- Ich möchte Vorbild sein.
- Ich möchte, dass meine Schülerinnen und Schüler ein gesundes Selbstbewusstsein entwickeln können.
- Ich möchte in Ruhe unterrichten können.

Ob wir beispielsweise auf Blondinenwitze reagieren oder nicht, hat damit zu tun, ob wir sie als frauenverachtend bewerten oder nicht. Viele Lehrkräfte überhören sie vielleicht deshalb, weil sie nicht der Meinung sind, dass Schülerinnen und Lehrerinnen durch Blondinenwitze beleidigt werden. Vielleicht erkennen sie nicht, dass durch das Reagieren auf solche Witze in der Schule herkömmliche gesellschaftliche Strukturen verfestigt werden, in denen Frauen öffentlich abgewertet und beleidigt werden dürfen. Ein anderes Beispiel: Ein Schüler wird wegen seines „uncoolen" Aussehens ausgegrenzt. Was er an Kleidung trägt, ist gerade nicht angesagt, außerdem kauft er in den falschen Läden. Sein Handy ist total „out", mit so jemandem würde man sich in jeder Clique blamieren. Der Englischlehrer greift das Thema in der Klasse auf und bemüht sich, den Jungen wieder zu integrieren. Sein Kollege, der Biologie in der Klasse unterrichtet, findet, der Schüler habe selbst Schuld daran, dass er ausgegrenzt werde, und lässt es dabei bewenden. Warum reagieren die beiden so unterschiedlich? Der Lehrer, der reagiert, wurde vielleicht als Kind wegen seiner Kleidung gehänselt oder er hat einen Sohn, der in der Schule ausgegrenzt wird. Er ist durch persönliche Erfahrung sensibilisiert.

In der Schule müssen wir ständig Position beziehen: im Umgang mit den Schülerinnen und Schülern, im Gespräch mit den Eltern und mit Kolleginnen und Kollegen. Ob wir auf gewalttätiges verhalten an unserer Schule reagieren oder nicht, wie wir reagieren und wie wir zu Vorhaben stehen, die das friedliche Zusammenleben an der Schule fördern, hängt grundlegend von unserer Haltung ab.

Die Materialien 1 „Fragen zur biografischen Selbstreflexion" und 2 „Fragen zu Haltungen und Einstellung", beide für die Hand des Lehrers, finden Sie auf der CD-ROM.

3 Das Projekt vorbereiten

TIPP: Bevor Sie ein Projekt in Ihrer Schule anstoßen, sollten Sie zunächst in Ruhe bedenken, welche Schritte für Ihr Vorhaben notwendig sind und wen Sie zur Mitarbeit gewinnen müssen.

Die Voraussetzungen klären

Wie kommt man auf die Idee, etwas gegen Gewalt an der Schule unternehmen zu wollen? Vielleicht sind Dinge vorgefallen, die Sie nicht länger tolerieren können oder wollen. Vielleicht finden Sie das soziale Klima in Ihrer Klasse unerträglich und sind der Ansicht, dass sich das ändern sollte. Oder ein Kollege klagt über seine Klasse, in der das Unterrichten wegen mangelnder Disziplin völlig unmöglich sei. In den Toilettenräumen sind möglicherweise die neuen Waschbecken demoliert worden, oder vielleicht sind Eltern auf Sie zugekommen und haben Sie um Unterstützung gebeten, weil ihr Kind gemobbt wird. Viele Kolleginnen und Kollegen fassen auch nach einem Pädagogischen Tag den Entschluss, etwas gegen die Gewalt an ihrer Schule tun zu wollen.

Es kann auch sein, dass an Ihrer Schule noch alles in Ordnung scheint, und Sie möchten gerne, dass es auch in Zukunft so bleibt. Möglicherweise haben Sie von einem interessanten Konzept gehört, das der Prävention dienen soll, und möchten mehr darüber erfahren und es eventuell einführen.

Inhaltsklärung: Worum geht es?

Gewalt an Schulen heißt in den meisten Fällen: Disziplinlosigkeit, psychische Gewalt, Vandalismus. Zunächst muss geklärt werden, in welche Richtung die Arbeit gehen soll. Geht es um eine vorbeugende Maßnahme oder verlangen bestimmte Vorkommnisse eine Reaktion der Schule?

Als Nächstes muss überlegt werden, welchem Personenkreis das Vorhaben gilt. Sind es Einzelne, zum Beispiel Opfer und Täter in einem Mobbingfall, ist es eine ganze Klasse, wenn zum Beispiel das Klassenklima schlecht ist, sollen die Eltern mit einbezogen werden oder soll die ganze Schule beteiligt sein, zum Beispiel bei der Erstellung eines Schulleitbildes oder bei Projekttagen? Wie könnten die Ziele des Projekts grob umschrieben werden? Bei Präventionsmaßnahmen sind folgende Ziele denkbar: die Persönlichkeit stärken, die Konfliktfähigkeit erhöhen, Gelegenheit zum Austoben und zum Abreagieren bieten, die Schulumgebung verschönern, für das Thema Gewalt sensibilisieren. Ziele bei Maßnahmen, die sich auf den Umgang mit einem akuten Konflikt beziehen: Vermittlung von Deeskalationstechniken, die Bestrafung des Täters, die Unterstützung des Opfers.

Problemklärung: Was genau ist das Problem?

Je konkreter Sie das Problem beschreiben, desto gezielter können Sie nach passenden Maßnahmen suchen. Zur Beschreibung des Ist-Zustandes in einer Klasse oder in der gesamten Schule bietet sich eine Umfrage mit Auswertung an. Zur Klärung der Sachlage bei einem akuten Konflikt, zum Beispiel nach einer Schlägerei oder in einem Mobbingfall müssen Fakten gesammelt werden. Es gibt bekanntermaßen nicht nur eine Sichtweise eines Problems. Um einen Konflikt möglichst genau bei der Betrachtung zu erfassen, ist ein Perspektivwechsel nötig. Beleuchten Sie das Problem von einer völlig neuen Seite. Ohne sich zu sehr in Mutmaßungen über die Täterabsichten zu verlieren, sollte man auch die möglichen Hintergründe eines Übergriffs klären. Material 3 (auf der CD-ROM) gibt Ihnen eine Checkliste an die Hand, mit der Sie klären können, was genau das Problem ist:

- Was ist geschehen?
- Wo hat sich der Konflikt abgespielt?
- Wer war daran beteiligt?
- Wer ist Zeuge?
- Wann hat sich der Vorfall ereignet?
- Wer wurde informiert?
- Welche Maßnahmen wurden schon eingeleitet?
- Mit wem wurden bereits Gespräche geführt?
- Was vermuten die Anwesenden, wie Nichtanwesende das Problem sehen würden?
- Wie beschreiben die einzelnen Parteien (die Täterin, der Täter, das Opfer, die Zeugen) das Problem?
- Welche unterschiedlichen Sichtweisen gibt es?
- Gibt es ein Motiv für die Handlung?
- Ist der Vorfall etwa nur die Spitze vom Eisberg?

Zielklärung: Wo soll es hingehen?

Bei der Zielbestimmung ist es wichtig, realistisch zu sein. Nicht wenige Lehrerinnen und Lehrer, aber auch Schulleiterinnen und Schulleiter träumen davon, dass sie nach Durchführung eines bestimmten Projektes nach sehr kurzer Zeit eine gewaltfreie Schule haben werden. Es ist höchst unwahrscheinlich, dass es auch nur eine Schule gibt, an der nicht irgendeine Form von Gewalt herrscht – auch dann nicht, wenn die Schule sehr viel gegen Gewalt unternimmt. Eine solche Wunschvorstellung kann aber als Formulierung für ein Leitbild wertvoll sein. Sie macht dannn deutlich, wie sich die Schule idealerweise präsentiert, wenn die Bemühungen aller am Schulleben Beteiligten langfristig erfolgreich sind. Bei der Zielklärung muss also darauf geachtet werden, dass die Ziele realistisch sind und die Beteiligten nicht überfordern. Der Umgang mit Regelverstößen, Konflikten und den verschiedenen Formen von Gewalt, wie sie an der Schule zum Alltag gehören, erfordert von jedem Einzelnen konsequentes Auftreten und die Bereitschaft zu erziehen. Da sich die Kompetenz im Umgang mit diesem Thema erst nach und nach entwickelt, gilt gerade auch hier der Satz: Der Weg ist das Ziel! Viele kleine Schritte bringen uns dem großen Ziel näher! Bei der Frage „Wo soll es hingehen?" kommt es also darauf an, den Weg in den Blick zu bekommen, den man gehen möchte. Leitsätze können diesen Weg begleiten. Am Ende des Weges könnten Sätze wie die folgenden den Idealzustand beschreiben – wir können diese Ideale als **Fernziele** bezeichnen:

1. Alle Schüler unserer Schule begegnen sich mit Respekt.
2. Die Schülerinnen und Schüler der Klasse 5d verhalten sich friedlich.
3. An unserer Schule wird nicht gemobbt.

Jetzt geht es darum, die **Nahziele**, also die kleinen Schritte, zu bestimmen:

1. Die Schülerinnen und Schüler wissen, dass sie ein Recht auf respektvollen Umgang haben und selber auch Respekt zeigen sollen. Sie entwickeln immer mehr Bewusstsein für Grenzüberschreitungen.
2. Die Schülerinnen und Schüler der Klasse 5d kennen Mittel zur friedlichen Konfliktlösung. Sie akzeptieren Sanktionen bei Regelverstößen.
3. Alle am Schulleben Beteiligten wissen, wie Mobbing zu bewerten ist. Mobbing wird als solches wahrgenommen und nicht geduldet.

Bevor Sie nun die Ärmel hochkrempeln, sollten Sie möglichst sicher wissen, welche Ziele Sie ansteuern wollen. Das erleichtert Ihnen die Wahl der geeigneten Maßnahmen und eine spätere Überprüfung des Erfolgs Ihrer Bemühungen.

Seien Sie nicht enttäuscht, wenn nicht alle Ihrer Kolleginnen und Kollegen dazu bereit sind, sich auf Ihre Ideen oder auf ein neues Projekt einzulassen. Normalerweise gibt es zunächst viele Bedenken, die in erster Linie die zeitliche und persönliche Belastung betreffen. Und so unbegründet sind diese Bedenken oft gar nicht. Viele Projekte und Modelle erfordern einen erheblichen Aufwand, wenn sie erfolgreich sein sollen, und können ein Kollegium auch überfordern.

Wie wollen wir vorgehen?

Wie können die angestrebten Ziele erreicht werden? Wer auf eine Anregung aus dem Internet hofft und etwa eine Internetrecherche zum Thema „Gewalt an Schulen" startet, wird von der Fülle der Verweise schier erschlagen. Es gibt inzwischen eine unüberschaubare Menge an Vorschlägen zum Thema Gewaltprävention und -intervention. Auch die Literaturliste zum Thema wird täglich länger. Wie soll man sich da noch zurechtfinden?

Es gibt sehr viele sehr gute Möglichkeiten, Gewaltprävention an Schulen zu gestalten. Damit das Projekt nicht von vornherein zum Scheitern verurteilt ist, müssen grundsätzliche Regeln beachtet werden:

1. Gewaltprävention ist in erster Linie Erziehung.
2. Die Zusammenarbeit mit den Eltern ist sehr wichtig.
3. Das Kollegium darf nicht überfordert werden.

Die Zusammenarbeit mit den Eltern erhöht in vielen Fällen die Wirksamkeit der erzieherischen Bemühungen der Schule. Werden zum Beispiel die Eltern über das unsoziale Verhalten ihres Kindes informiert, nimmt die Schule die Eltern mit in die Verantwortung und kann sie dazu auffordern, ihren erzieherischen Einfluss geltend zu machen.

Das Kollegium nicht zu überfordern heißt, keine anspruchsvollen Projekte einzuführen, ohne dass vorher Basisarbeit geleistet wurde. Auch kleinere Schritte bringen die Schulgemeinde auf den Weg: Hänseleien im Unterricht nicht zu dulden, Klassengespräche zum sozialen Klima in der Klasse zu führen, das Thema an Elternabenden einzubringen, Klassenregeln aufzustellen, Orientierung zu geben durch konsequentes Handeln bei unakzeptablem Verhalten etc. Solche Schritte überfordern nicht, und wenn alle Kolleginnen und Kollegen sie mitgehen würden, dann würde sich wahrscheinlich die Einführung eines Modells oder bestimmten Projektes sogar manchmal erübrigen. Damit die Ziele von möglichst vielen getragen werden, ist es wichtig, eine gemeinsame Basis zu finden.

Folgende Fragen können erörtert werden:

▪ Was fällt uns negativ auf?

▪ Was wollen wir ändern, was wollen wir verbessern?

▪ Auf welches (vorläufige) Ziel können wir uns einigen?

▪ Was brauchen wir, damit wir dieses Ziel erreichen?

▪ Welche weiteren Ziele ergeben sich daraus?

Über diese grundsätzlichen Überlegungen hinaus gibt es weitere Kriterien, die für die Wahl einer Maßnahme von grundsätzlicher Bedeutung sind:

Auswahlkriterien für das passende Projekt

1. Welche Ebene des Konflikts ist gegeben?

Gewaltvorbeugung	Prävention, zum Beispiel Regeln, Selbstbehauptungskurs
Maßnahme im Konfliktfall	Intervention, zum Beispiel Regelverstöße sanktionieren, Streit schlichten
Maßnahme nach einem Vorfall	zum Beispiel Wiedergutmachung fordern

2. Soll auf persönlicher und/oder schulischer Ebene gearbeitet werden?

Schulebene	zum Beispiel Pädagogischer Tag, Schulordnung
Klassenebene	zum Beispiel Klassenregeln
Persönliche Ebene	zum Beispiel Einzelgespräche, Zusammenarbeit mit Eltern
Außerschulische Ebene	zum Beispiel Kooperationsprojekt mit Polizei, Runder Tisch

3. Soll die Maßnahme zeitlich befristet sein? (Zeitrahmen)

4. Soll das Vorhaben durch weitere Maßnahmen unterstützt werden? (flankierende Maßnahmen)

5. Soll die Maßnahme im Schulalltag verankert werden?

6. Wird eine Erfolgskontrolle angestrebt?

Wie verhalte ich mich in Gewaltsituationen?

Das Thema Selbstklärung haben wir schon in Kapitel zwei angesprochen. Dort regten wir an, dass Sie erforschen, was Sie motiviert, sich mit dem Thema Gewalt an der Schule zu beschäftigen, damit Sie im Gespräch mit Kolleginnen und Kollegen Ihre Position beschreiben können und sich auch selbst über Ihre Beweggründe klar werden. An dieser Stelle soll es nun um konkrete Situationen gehen. Wir alle reagieren sehr unterschiedlich auf Vorkommnisse, manchmal greifen wir ein, manchmal nicht, und dies hängt auch davon ab, wie wir zu einem Ereignis stehen und wie wir das Geschehen bewerten.

Wie geht es mir in meiner Funktion als Lehrkraft damit?

Als Lehrkraft sind wir Teil des Schulsystems. Wir stehen zu allen Teilen des Systems in Beziehung: Zu manchen Mitgliedern der Schulgemeinschaft haben wir ein Vertrauensverhältnis, zu vielen nicht. Wir sind zu Loyalität der Schulleitung gegenüber verpflichtet und Kolleginnen und Kollegen erwarten von uns Solidarität. Die Grundlage unseres Unterrichts ist der Bildungs- und Erziehungsauftrag, wie er im Bildungsplan formuliert ist. Der Bildungsauftrag fordert von uns Fachwissen und Erfahrung im Unterrichten, der Erziehungsauftrag soziale Kompetenz, Einfühlungsvermögen und die Bereitschaft zum pädagogischen Handeln. Daraus folgt, dass wir uns in verschiedenen Rollen erleben und uns oft in einem Spannungsverhältnis befinden.

Einige Beispiele aus dem Alltag können das Spannungsverhältnis, in der eine Lehrkraft täglich steht, veranschaulichen: Wie gehe ich damit um, wenn ich das Anliegen der Eltern gut verstehen kann, die Schulleitung aber eine andere Position vertritt? Finde ich, dass das geschlagene Kind, das um Unterstützung bittet, selbst Schuld hat, weil es im Unterricht die anderen ständig provoziert? Kann ich den Mädchen Glauben schenken, die mir anvertraut haben, dass sie im Sportunterricht „betatscht" werden, wo ich doch den Sportkollegen als freundlichen und umgänglichen Menschen kenne? Was soll ich tun, wenn die Kollegin, die einen Schüler schwer beleidigt hat, in einem persönlichen Gespräch nicht einsehen will, dass dies nicht korrekt war? Die folgenden Fragen helfen zu klären, wie es Ihnen in Ihrer Rolle als Lehrkraft im Umgang mit dem Thema Gewalt an der Schule geht.

Die Materialien 4 „Wie nehme ich selbst das Geschehen wahr?" und 5 „Wie reagiere ich als Lehrer, Lehrerin?", beide für die Hand des Lehrers, finden Sie auf der CD-ROM.

Schule als System verstehen

Sie kennen den berühmten Dominoeffekt: Fällt einer um, so geraten alle in Bewegung, weil alle Steine miteinander in Beziehung stehen. Auch an der Schule stehen alle Beteiligten in einer Beziehung zueinander und jede Maßnahme hat Auswirkungen auf alle. Dieser Vorgang des „In-Bewegung-Geratens" ist komplex, und was eine Maßnahme im konkreten Fall für das System Schule bedeutet, kann sehr unterschiedlich sein:

1. Personenebene

Wenn Sie heute einem Schüler eine Strafarbeit erteilen, kann morgen ein Beschwerdebrief der Eltern auf Ihr Pult flattern. Der Rest der Klasse hat aber möglicherweise verstanden, warum Sie ein solches Verhalten nicht tolerieren. Greifen Sie das Thema sexuelle Belästigung auf und machen darauf aufmerksam, dass auch Lehrkräfte sich nicht immer korrekt verhalten, so kann es sein, dass einige Kollegen Sie am nächsten Tag nicht mehr grüßen. Denkbar ist auch, dass ein Mädchen daraufhin die Übergriffe ihres Lehrers besser beurteilen kann.

2. Handlungsebene

Vereinbarungen erfordern konsequentes Handeln aller Beteiligten, sollen sie nicht gleich wieder in Vergessenheit geraten. Angenommen, in Ihrer Klasse herrscht ein sehr rauer Umgangston und Sie haben die Idee, Gesprächsregeln oder Höflichkeitsregeln aufzustellen. Oder Sie wollen einen Mobbingfall klären. Damit Ihr Bemühen erfolgreich ist, müssen die verschiedenen Parteien ihren Teil dazu beitragen. Dabei muss genau überlegt werden, welcher Beitrag von wem geleistet werden sollte.

3. Problemebene

Die Verbesserung nach einem Verbot oder einer Strafe entpuppt sich oft als Problemverlagerung. Werden Hänseleien im Unterricht unterbunden, können sie sich auf die Pause verlagern. Wird eine strenge Pausenaufsicht geführt, kann sich der Quäler sein Opfer auf dem Nachhauseweg schnappen. Wird straffe Disziplin im Unterricht eingefordert, ist die Klasse in der nachfolgenden Stunde womöglich außer Rand und Band. Wir dürfen also nicht vorschnell annehmen, das Problem sei behoben, sondern müssen daran denken, dass der Druck, den wir mit einem Verbot oder einer Strafe ausüben, sich an anderer Stelle Luft verschaffen kann. Das bedeutet, dass wir in Kontakt bleiben und die Situation in regelmäßigen Abständen überprüfen müssen. Als Arbeitsgrundlage finden Sie Material 6 „Der Konflikt im System Schule" auf der CD-Rom.

Entscheidung: Will ich´s wirklich wagen?

Fassen Sie rückblickend noch einmal zusammen:

▧ Wer ist betroffen?

▧ Was muss von wem beigetragen werden?

▧ Sind die nötigen Voraussetzungen dazu erfüllt?

▧ Wie stehe ich persönlich zu der Maßnahme?

Falls Sie keine größeren Hindernisse erkennen können: umso besser. Doch Sie sollten unbedingt die beiden folgenden Aspekte kritisch überprüfen: die zeitliche und die psychische Belastung, die das Vorhaben voraussichtlich mit sich bringen wird. Um die Belastung möglichst gering zu halten, empfiehlt es sich zwei Grundsätze zu beherzigen: kleine Schritte planen und ein Team bilden.

Im Team zu arbeiten sind viele Lehrerinnen und Lehrer nicht gewöhnt, vor allem wohl diejenigen nicht, die an Gymnasien arbeiten. Hier erfährt der Mathematiklehrer oft nicht oder nur durch Zufall, dass die Französischlehrerin ein ausführliches Gespräch mit einem Schüler geführt hat, dessen aggressives Verhalten bereits aktenkundig ist. Oder: Die Klassenlehrerin einer achten Klasse reagiert auf die rassistischen und ausländerfeindlichen Sprüche einiger Jungen, informiert die Kolleginnen und Kollegen aber nicht darüber, dass sie mit ihrer Klasse Regeln aufgestellt hat und einen Elternabend dazu plant. Im Team können Lehrkräfte jedoch viel effektiver arbeiten und schonen zudem ihre Nerven, weil sie sich gegenseitig unterstützen.

Zum Stichwort „kleine Schritte": Kleine Schritte tun bedeutet, nicht als erstes ein großes Projekt mit einem klangvollen Namen einzuführen, sondern durch viele kleine, überschaubare Maßnahmen für die Thematik zu sensibilisieren. Kleine Schritte sind all die Dinge, die wir tun, wenn wir ernsthaft erziehen: Konsequenz zeigen, zur Rechenschaft ziehen, dabei aber Wertschätzung zeigen; ernste Einzelgespräche führen, die Eltern verständigen, wenn ein Kind aus dem Rahmen fällt. Auf ein solches Verhalten kommt es im Schulalltag in allererster Linie an.

Überprüfen Sie abschließend die zeitliche und die psychische Belastung:

▧ Wie aufwändig ist die Durchführung der Maßnahme?

▧ Mit wem kann ich ein Team bilden?

▧ Mit welchen Hindernissen, Problemen, Konflikten muss ich rechnen?

▧ Wie hoch schätze ich meine persönliche und fachliche Kompetenz ein?

Sie sind entschlossen? Gut, dann geht es weiter.

4 Das Projekt planen

Nachdem Sie alle Fragen im Vorfeld zumindest durchdacht haben, geht es an die konkrete Umsetzung. Zunächst ist – kleinschrittig – zu planen, wer wann wie gefordert ist.

Vorbereitung: Was ist konkret zu tun?

Die nachfolgend zusammengestellten Aspekte sollten Sie nach und nach abarbeiten:

- Zustimmung einholen.
- Eine Gruppe bilden: ein Team, einen Arbeitskreis, eine Vorbereitungsgruppe.
- Eine Ansprechpartnerin, einen Ansprechpartner bestimmen.
- Das gemeinsame Ziel festlegen, Fernziele und Nahziele bestimmen.
- Die Vorgehensweise absprechen.
- Die Zuständigkeiten klären.
- Den Zeitrahmen festlegen.
- Die Finanzierung klären.
- Überlegungen anstellen, wie das Vorhaben vorgestellt werden kann (der Schulleitung, dem Kollegium auf einer Lehrerkonferenz, den Eltern an einem Elternabend, den Schülerinnen und Schülern).
- Überlegen, wer zur Unterstützung herangezogen werden könnte.

Personelle Ressourcen: Beratung und Unterstützung

Vielleicht benötigen Sie gezielte Information zu einem Thema. Im Internet gibt es eine Unmenge von Informationen zum Thema Gewalt an Schulen, die jedoch unterschiedlich brauchbar sind und deren Adressen sich häufig ändern (ausgewählte Internetlinks finden Sie auf der CD-ROM).

Das Angebot an Literatur ist inzwischen sehr groß; einige Grundlagentitel, die in keiner Präsenzbibliothek einer Schule fehlen sollten, sind in der Literaturliste (Seite 111) aufgeführt. Informationen zu einem bestimmten Thema wie zum Beispiel sexuelle Gewalt erfragen Sie am besten bei den entsprechenden Beratungsstellen, da diese normalerweise sehr gut informiert sind und häufig kostenloses Informationsmaterial haben.

Wahrscheinlich benötigen Sie kompetente Unterstützung. Ihre erste Anlaufstelle sind die Fachkräfte im Haus, wie der Beratungslehrer, die Schulsozialarbeiterin, der Vertrauenslehrer, die Drogenbeauftragte etc. Des Weiteren gibt es Fachkräfte in der Stadt, wie den Jugendsachbearbeiter der Polizei, die Jugend- und Frauenbeauftragte, die Jugendsozialarbeiterin, den Ausländerbeauftragten etc. Fragen Sie bei Ihrer Stadtverwaltung oder Kreisverwaltung nach.

Auch Beratungsstellen und verschiedene Ämter können helfen, zum Beispiel die Schulpsychologische Beratungsstelle, das Schulamt, das Jugendamt, die Erziehungsberatungsstelle, der Kinderschutzbund, kirchliche Beratungsstellen, die Suchtberatungsstelle. Viele Beratungsstellen und Ämter sind dem Landratsamt angeschlossen.

Bei Problemen beraten und begleiten ist auch die Aufgabe von Gewaltpräventionsberaterinnen und Gewaltpräventionsberatern, wie es sie beispielsweise in Baden-Württemberg seit dem Schuljahr 2002/03 gibt (Anfrage über die Oberschulämter in Baden-Württemberg). Die Schulämter der anderen Bundesländer und Regierungsbezirke können diesbezüglich sicher ebenfalls Auskunft geben.

Bei einer Anfrage muss im Vorfeld geklärt sein, welche Erwartungen an den Referenten, die Referentin bestehen, wie die zeitliche Planung aussieht und ob ein Honorar gezahlt werden kann. Referentenadressen erfahren Sie über Fachkräfte an Ihrer Schule und in der Stadt, über Ihr Oberschulamt, den Gewaltpräventionsberater und Beratungsstellen.

Sachliche Ressourcen: Was brauche ich, wo bekomme ich es her?

Sie werden sehr wahrscheinlich auch Geldmittel benötigen. Eine wirklich gute Idee sollte auch nicht an den Finanzen scheitern. Die Suche nach Geldquellen kann zeitraubend sein, aber sie kann sich durchaus lohnen. Sie können bei vielen verschiedenen Ansprechpartnern um die Übernahme der Kosten oder um einen Zuschuss bitten, und wenn Sie es klug anstellen, dann haben Sie sogar gute Chancen. Allerdings kann es bedeuten, dass Sie einige Zeit und Mühe investieren müssen. „Sehr geehrte Damen und Herren, wir bitten Sie freundlichst, unser Projekt gegen Gewalt finanziell zu unterstützen ..." Solche Schreiben flattern täglich zuhauf auf die Schreibtische potenzieller Sponsorinnen und Sponsoren, aber nur in seltenen Fällen wird eine derart pauschal formulierte Anfrage die erhoffte finanzielle Unterstützung zur Folge haben.

Viel bessere Chancen haben Sie, wenn Sie das geplante Vorhaben konkret und detailliert beschreiben (Ausgangssituation, Zielsetzung, Zeitrahmen, Beteiligte) und einen Kostenplan beilegen. Verleihen Sie dem Schreiben einen offiziellen Charakter, indem Sie den Briefkopf der Schule verwenden und auch die Schulleitung unterzeichnen lassen. Wenn es um eine größere Summe geht, sollten Sie darauf achten, dass sich Ihre Anfrage von den vielen anderen abhebt: Ein Foto oder ein dem Anschreiben beigelegter persönlich abgefasster Brief der beteiligten Schülerinnen und Schüler beispielsweise geben dem Gesuch eine persönliche Note. Bieten Sie an, Ihren Plan persönlich vorzustellen.

TIPP: Denken Sie bei laufenden Projekten daran, die Arbeit in den verschiedenen Phasen zu dokumentieren: durch Fotos, Poster (zusätzlich abfotografieren), Presseartikel, Umfragen, Rückmeldebögen. All dies eignet sich hervorragend als Beleg- und Anschauungsmaterial, wenn Sie um Mittel anfragen wollen. Führen Sie Buch darüber, wofür Sie die Fördergelder verwendet haben. Sie werden bei der nächsten Sponsorenanfrage dankbar sein, auf Material zurückgreifen zu können.

Nun noch einige wichtige Hinweise für die inhaltliche Beschreibung: Gern werden Projekte gefördert, an denen ein besonderes öffentliches Interesse besteht. Dabei kann es sich um ein Einzelprojekt handeln oder um eine Reihe gleichartiger Projekte und Maßnahmen. Ein Beispiel: Unsere Arbeit erhielt zweimal eine Auszeichnung durch die Theodor-Heuss-Stiftung, die „Beispiele demokratischen Handelns im Unterricht, im Schulleben und über die Schule hinaus fördert". Als wir vor Jahren von der Stiftung die Anfrage erhielten, ob wir uns an der Ausschreibung beteiligen wollten, konnten wir zunächst nicht erkennen, inwiefern unsere Arbeit im Rahmen der Selbstbehauptungskurse etwas mit „demokratischem Handeln" zu tun haben sollte. Wir hätten beinahe abgesagt. Erst nach genauerem Überlegen wurde uns klar, dass dem sehr wohl so ist: Das Einüben eines fairen Umgangs miteinander, die Zusammenarbeit mit der Polizei und der Frauenbeauftragten und die Umfragen der Kinder in der Stadt zum Thema Gewalt, das alles hat sehr viel mit Demokratie zu tun. In der Projektbeschreibung und der Dokumentation durch Fotos und Presseartikel haben wir diese Aspekte gut herausarbeiten können. Dies war zwar viel Arbeit, aber sie hat sich gelohnt. Deshalb unser Tipp, wenn Sie bei außerschulischen Adressen um finanzielle Unterstützung bitten möchten: Betonen Sie auch diejenigen Aspekte Ihrer Arbeit, die erkennen lassen, dass die Beteiligten etwas lernen, was über den schulischen Rahmen hinaus von Bedeutung ist und zu einem friedvolleren Umgang in der Gesellschaft beiträgt.

Hier können Sie um finanzielle Unterstützung bitten

Schulebene   Schulleitung: Geld aus dem Schuletat
Eltern   Kostenbeitrag, Spende
Elternförderverein   Spende
SMV   Spende, Erlös einer Schulaktion.
Kommunale Ebene
▨ Frauen- und Jugendbeauftragte
▨ kirchliche Einrichtungen
▨ Vereine
▨ Firmen
▨ Lokalzeitungen
▨ Einrichtungen der Jugendhilfe
▨ Jugendhilfeausschuss
▨ Sozialamt
Überregionale Ebene
▨ Oberschulamt
▨ Stiftungen
▨ Einrichtungen zur Förderung von Maßnahmen, die sich auf § 11 und
  12 SGB VIII des Kinder- und Jugendhilfegesetzes beziehen, gefördert
  werden u.a.
▨ geschlechtsspezifische Angebote (für Mädchen und Jungen)
▨ Kooperation von Jugendarbeit und Schule
▨ Projekte zur Suchtprävention
▨ Projekte mit Beteiligung von sozial benachteiligten Kindern
▨ Projekte in sozialen Brennpunkten
▨ interkulturelle Jugendarbeit

Es gibt viele Einrichtungen, bei denen Sie Informationen darüber erhalten können, wo sich eine Anfrage lohnt, entwickeln Sie aber auch selbst ein wenig Fantasie, wen Sie ansprechen könnten! Fragen kostet nichts. Die Portogebühren wird die Schule übernehmen. Es gibt auch viele Wettbewerbsausschreibungen, bei denen interessante Preisgelder winken.

Weitere Ansprechpartner:

- Landesjugendstiftung Baden-Württemberg: www.jugendstiftung.de
- Jugendarbeitsnetz: www.jugendarbeitsnetz.de
- Förderprogramm Kooperation Jugendarbeit und Schule des Kultusministeriums Baden-Württemberg: www.ljrbw.de
- Evangelisches Jugendwerk in Württemberg – Finanzierung von Jugendarbeit: www.schulaktionstage.de
- Entimon – Gemeinsam gegen Gewalt und Rechtsextremismus (Bundesministerium für Familie, Senioren, Frauen und Jugend): www.entimon.de

Den rechtlichen Rahmen klären

Im Zusammenhang mit dem Thema „Gewalt an der Schule" gibt es viele Fragen, die die rechtliche Situation betreffen. Haben Sie zum Beispiel in einer Freistunde Aufsichtspflicht? Reicht es, wenn Sie einem Schüler das Messer abnehmen und es im Sekretariat hinterlegen? Welche Vorkommnisse müssen Sie bei der Polizei anzeigen? Im Folgenden werden einige Aspekte aufgegriffen, die den rechtlichen Rahmen betreffen.

Die Aufsichtspflicht

Die Aufsichtspflicht dient dazu, Schülerinnen und Schüler so weit wie möglich vor Gefahren zu schützen. Sie ist weitgehend nicht gesetzlich geregelt, weil solche Regelungen der Vielzahl unterschiedlichster Fallgestaltungen nicht gerecht werden könnten. Es haben sich aber – auch durch Gerichtsentscheidungen – einige allgemeine Grundsätze herausgebildet. Beobachtet beispielsweise eine Lehrerin durchs Fenster eine Rauferei im Schulhof, so muss sie eingreifen (GEW Jahrbuch, S. 63). Diese Grundsätze sollten den Kolleginnen und Kollegen von Zeit zu Zeit wieder in das Gedächtnis gerufen werden.

Der Schulweg unterliegt nicht der offiziellen Aufsichtspflicht, aber hier sollte man durch Nachfragen und gelegentliche Kontrollgänge darüber informiert sein, was sich abspielt, und bei Bedarf ebenfalls beaufsichtigen oder durch ältere Schülerinnen und Schüler oder auch Eltern kontrollieren lassen.

Erziehungs- und Ordnungsmaßnahmen im Schulgesetz

Das Schulgesetz sieht Erziehungs- und Ordnungsmaßnahmen vor, die bei Verstößen gegen Regeln angewendet werden können. Wenn beispielsweise Gespräche und mildere Strafen keine Wirkung zeigen, setzt ein zeitweiliger Schulausschluss oder die Versetzung in eine andere Klasse ein deutliches Zeichen.

Das Hausrecht der Schule

Durch § 123 des Strafgesetzbuches sind Schulen vor Störern und schulfremden Personen geschützt. In Ausübung des Hausrechts können diese aus der Schule und vom Schulgelände verwiesen werden, beispielsweise wenn sie Schüler oder Schülerinnen bedrohen oder sich bei einer Schulveranstaltung nicht an die Hausordnung halten und zum Beispiel Alkohol mitbringen. Schüler, die trotz Schulverweises die Schule betreten, können in Ausübung des Hausrechts vor die Tür gesetzt werden.

Der Umgang mit Waffen

Das Waffengesetz wurde nach den Vorfällen in Erfurt neu geregelt und verbietet die Mitnahme von Waffen in die Schule. Der Waffenbegriff wurde ausgeweitet; zu den verbotenen Gegenständen gehören nun zum Beispiel auch Schlagringe, Wurfsterne, Butterflymesser, Stahlruten und bestimmte Spring- und Fallmesser. Lehrkräfte müssen einschreiten, wenn eine Schülerin, ein Schüler eine Waffe in der Schule mit sich führt. Die Waffe sollte der

Polizei übergeben werden. Davon unabhängig ist es möglich, im Rahmen der Schulordnung das Mitbringen von gefährlichen Gegenständen, die nicht unter das Waffengesetz fallen (zum Beispiel Taschenmesser und Baseballschläger), zu untersagen. Bei minderjährigen Schülern sollte der beschlagnahmte Gegenstand den Eltern übergeben werden (weitere Informationen bei der Polizei).

Körperverletzung

Viele gewalttätige Handlungen an der Schule sind nach § 223 StGB als einfache Körperverletzung einzustufen, zum Beispiel Tritte, Ohrfeigen und Faustschläge. Eine gefährliche Körperverletzung (§ 224 StGB) liegt vor, wenn eine Körperverletzung in gemeinschaftlicher Tat oder mittels einer Waffe oder eines gefährlichen Gegenstandes verübt wurde.

Gefährliche Werkzeuge sind nach der Rechtsprechung auch Springerstiefel oder andere feste Stiefel. Auch normale Schuhe können bei Tritten in das Gesicht oder etwa in den Unterleib als gefährliche Werkzeuge gelten. Dies ist sicherlich vielen Jugendlichen nicht klar, weshalb wir darauf hinweisen sollten.

Haftpflicht

Bei Verletzungen von Schülern infolge einer Schlägerei muss die Schule gegenüber dem Träger der gesetzlichen (Schüler-)Unfallversicherung den Vorfall melden und eine Unfallhergangsbeschreibung abgeben. Hat der Schüler, die Schülerin die Verletzung vorsätzlich herbeigeführt, erbringt die gesetzliche Unfallversicherung keine Leistung. Wenn die Schülerin, der Schüler in der Lage war, ihre seine Verantwortlichkeit zu erkennen, nimmt die Versicherung den Täter in Regress.

 TIPP: Gehen Sie davon aus, dass den Jugendlichen dieser Sachverhalt nicht klar ist. Ein Hinweis ist deshalb unbedingt notwendig.

Bei Vorfällen außerhalb der Schule wird die Krankenversicherung prüfen, ob der Schädiger für erbrachte Leistungen in Anspruch genommen werden kann. Eventuell tritt eine vorhandene Haftpflichtversicherung der Eltern des Schädigers ein, wenn dieser minderjährig und mitversichert ist.

Sachbeschädigung

Beschädigt ein Schüler zum Beispiel Schulmobiliar oder das Fahrrad eines Mitschülers, besteht Schadensersatzpflicht (§ 823 BGB). Voraussetzung ist vorsätzliches oder fahrlässiges Handeln. Bei Graffiti können sehr hohe Schadensersatzforderungen erhoben werden. Vandalismus an Schulen käme weniger vor, wenn hier konsequenter gehandelt würde.

Die Anzeigepflicht

Die Schulleitung und die Lehrkräfte unterliegen einer gesetzlich geregelten Anzeigepflicht, wenn es sich um eine Straftat handelt, die in § 138 des Strafgesetzbuches genannt ist. Dazu zählen Mord, Geiselnahme, Brandstiftung und Bombendrohung. Die Lehrkraft muss von dem Vorhaben oder der Ausführung „glaubhaft erfahren" haben (GEW-Jahrbuch S. 706, Kapitel „Polizei und Schule"). Nach dem, was inzwischen an Schulen schon geschehen ist, liegt es allerdings nahe, den Schülerinnen und Schülern eindeutig zu verstehen zu geben, dass mit solchen Äußerungen nicht zu spaßen ist und eine auch offensichtlich nur im Spaß gemachte Drohung sanktioniert wird. Wir raten dazu, jegliche mündliche und schriftliche Drohung anzuzeigen.

Darüber hinaus besteht keine gesetzlich begründete Pflicht für eine Lehrkraft, ein Vorkommen anzuzeigen. Die Kultusministerien einiger Bundesländer arbeiten aber zurzeit an einer Regelung zum Umgang mit Gewaltvorkommnissen, die sowohl eine Informationspflicht für die Schulleitung und die Eltern als auch eine Anzeigepflicht, zum Beispiel bei schwerer Körperverletzung und Verletzungen mit Waffen, beinhaltet.

Folgende Handlungen sollten unbedingt angezeigt werden: Gewaltausübung unter Anwendung von Waffen, Drohen mit Waffen, Raub- und Erpressungsdelikte, nicht jugendtypische sexuelle Übergriffe, Körperverletzung, wenn es sich um eine geplante, brutale oder besonders gesundheitsgefährdende Tat oder um einen Wiederholungsfall handelt. Bei Handlungen wie den folgenden müssen der Schweregrad und die Vorgeschichte berücksichtigt werden: Sachbeschädigung, Drohung, Diebstahl.

Die Informationspflicht

Obgleich diese Pflicht noch nicht in allen Bundesländern besteht, sollte dennoch unbedingt danach gehandelt werden. Es ist dringend notwendig, dass die Schulleitung und die Eltern über Vorkommnisse unterrichtet werden.

Den Eltern muss die Gelegenheit gegeben werden, sich mit der Situation auseinander zu setzen und auf ihr Kind positiven Einfluss zu nehmen. Die Schulleitung vertritt die Schule nach innen und außen, auch die Werte der Schule. Wenn Elternanrufe aufgrund von Vorfällen eingehen, ist es gut, wenn die Schulleitung bereits über den Fall Bescheid weiß und sich überlegen konnte, wie die Situation einzuschätzen ist.

Eine Checkliste „Praktische Überlegungen" (Material 7, für die Hand des Lehrers) finden Sie auf der CD-ROM.

Überprüfung vorbereiten: Was hat's gebracht?

Die Ergebnisse der Arbeit sollten immer wieder kritisch überprüft werden. Diese Überprüfung kann den eingeschlagenen Weg bestätigen oder sie zeigt auf, was geändert werden muss. Sie beugt auch Missverständnissen vor.

Schule befindet sich ständig in Bewegung, deshalb sollte geprüft werden, ob das, was für die Schule erarbeitet wurde, nach einer bestimmten Zeit noch brauchbar ist. Manche Maßnahmen sind nur für einen bestimmten Zeitraum oder in einer bestimmten Situation sinnvoll und verlieren ihre Wirksamkeit, wenn sich die Situation verändert.

Bei sehr vielen Vorhaben ist zum Abschluss eine mündliche oder schriftliche Rückmeldung in Form einer Feedbackrunde oder eines Rückmeldebogens möglich, zum Beispiel nach einem Elternabend, Klassengespräch, Pädagogischen Tag oder Sozialtraining.

Ganz einfach, aber oft sehr aufschlussreich ist das Nachfragen, nachdem einige Zeit verstrichen ist. „Haben die Hänseleien jetzt aufgehört?", „Klappt das mit den Busbegleitern?" Dies kann beiläufig geschehen oder in einem offiziellen Rahmen. Wird dieses Nachfragen bzw. die Überprüfung vorher angekündigt und auch noch gleich der Termin festgelegt, wann dies stattfindet, strengen sich die Beteiligten mehr an.

Weil wir eine nachhaltige Wirkung erreichen wollen, müssen wir dafür sorgen, dass das Thema immer wieder aufgegriffen wird. Die beste Klassenlehrerstunde zum Thema Mobbing kann für die Katz sein, wenn das Thema nicht immer wieder in Erinnerung gerufen und wenn nicht überprüft wird, ob das Mobbing wirklich aufgehört hat. Neue Sichtweisen und Verhaltensmuster müssen langsam eingeübt werden und es muss Zeit und Gelegenheit gegeben werden, Verhaltensstrukturen zu reflektieren.

Einfügen ins System: Das „Einnisten" ermöglichen

Nehmen wir an, auf dem Pädagogischen Tag wurden einige wichtige Vorhaben geplant, das Klassengespräch hat die Klasse für ihr rüdes Verhalten untereinander sensibilisiert, die beiden Jungen, die einem Mitschüler das Fahrrad demoliert haben, sind bestraft worden. Die Kolleginnen und Kollegen können erst einmal mit sich zufrieden sein. Wenn sie jetzt aber nicht am Ball bleiben, verpufft die Wirkung recht schnell. Um eine längerfristige Wirkung zu erzielen, muss der „Bodenkontakt" hergestellt werden, und zwar durch viele kleine Bemühungen im Schulalltag. Es kommt jetzt auf Regelmäßigkeit und Konsequenz an, denn es geht darum, Orientierung zu geben und dadurch ein Problembewusstsein zu entwickeln.

Überprüfen, in Kontakt bleiben, nachfragen: zum Beispiel ein „Blitzlicht" jeden Montag für die letzten zehn Minuten der Deutschstunde vorsehen (jede, jeder sagt nur einen Satz zur Situation); eine kurze Information durch den Klassenrat; in bestimmten Abständen ein Klassengespräch führen.

Das Thema regelmäßig aufgreifen: zum Beispiel pädagogische Aspekte im Kollegium stärker thematisieren und auf die Tagesordnung der Lehrerkonferenzen setzen, im Unterricht und auf Elternabenden das Thema immer wieder zur Sprache bringen, im Stoffverteilungsplan eine Unterrichtseinheit einplanen, die für die Themenbereiche Respekt und Gewalt sensibilisiert und Gesprächsanlass bietet, ein Team bilden und fächerübergreifende Themenreihen erarbeiten.

Einzelne weniger aufwändige Bausteine fest einplanen: zum Beispiel Vorfälle im Tagebuch genauer protokollieren, die Eltern bei Regelverstößen früher informieren, die Pausenaufsicht verbessern, einen Klassenrat bilden, den Projekttag mit der Polizei und den Selbstbehauptungskurs für die neuen Klassen fest einplanen, die Schulordnung überarbeiten. Es gibt viele weitere kleine Schritte, die ohne großen Aufwand gemacht werden können.

Institutionalisierung: Dauerhaft verankern

Wenn immer mehr Elemente im Schuljahresablauf dauerhaft verankert werden, bilden bestimmte Maßnahmen und Verhaltensweisen mit der Zeit die Regel und nicht die Ausnahme. Die Vorteile einer solchen Institutionalisierung sind vielfältig.

1. Sie spart Zeit und Arbeit, weil sie die einzelne Kollegin, den einzelnen Kollegen entlastet: Erfahrungen können weitergegeben werden und es muss

nicht jedes Jahr erneut darüber gegrübelt werden, ob man ein Projekt durchführen möchte.

2. Aus den Erfahrungen ergeben sich Möglichkeiten die eingeführten Bausteine sukzessive zu verbessern.

3. Die Schulgemeinschaft wird nach und nach kompetenter im Umgang mit der Thematik.

4. Es entwickelt sich langsam eine Art Schulhauskultur, denn nur, was auf lange Sicht hin angelegt ist, kann die Atmosphäre dauerhaft positiv beeinflussen. Durch die Verankerung gewinnt ein Konzept, eine Sichtweise, eine Bewertung einen allgemein gültigen Charakter und beeinflusst sowohl diejenigen, die dem Thema zugänglich sind, als auch anderen, denen die Sache nicht am Herzen liegt.

5. Kommen immer mehr Elemente hinzu, gewinnt die Schule dadurch ein bestimmtes Profil und es entsteht ein Curriculum zur Gewaltprävention.

6. Der gesamte Prozess ist eine Art innere Schulreform.

Folgende Bausteine im Umgang mit Gewalt können ohne größeren Aufwand fest integriert werden:

▪ Bei der Anmeldung erhalten die Eltern die Hausordnung und dokumentieren mit ihrer Unterschrift, dass sie sie gelesen haben

▪ ältere Schülerinnen und Schüler übernehmen die Patenschaft für neue Klassen

▪ die Vertrauenslehrerin, der Vertrauenslehrer stellt sich persönlich den Klassen vor

▪ die Klasse stellt in der ersten Woche Klassenregeln auf und legt die Sanktionen fest

▪ am ersten Elternabend werden die Regeln den Eltern vorgestellt und es folgt ein Gespräch über die Bedeutung der Zusammenarbeit zwischen Schule und Elternhaus.

Information/Transparenz: Durchblick für alle schaffen

Die Spielregeln müssen allen Beteiligten bekannt sein. Dazu gehören:
▪ die Normen und Werte, die die Schule für wichtig erachtet
▪ bestehende Regeln und Vereinbarungen
▪ das Vorgehen bei Regelverstößen, also die Festlegung der Sanktionen
Die Regeln informieren die Schulgemeinschaft darüber, welches Verhalten

erwünscht und welches unerwünscht ist. Zu Beginn des neuen Schuljahres kann in einer Konferenz und in einem Klassengespräch darauf hingewiesen werden. Die Eltern informiert man beispielsweise bei der Schulanmeldung in Form einer Elterninformation; manche Schulen lassen die Eltern die Schulordnung unterschreiben. Den Beteiligten sollte aber auch klar sein, warum es diese Regeln gibt. Hier ist ein Gespräch über die Normen und Werte nötig, die die Schule für wichtig hält und auf die ihre pädagogischen Bemühungen ausgerichtet sind. Dies sollte in einem Klassengespräch und auf dem ersten Elternabend zu Beginn des neuen Schuljahres geschehen.

Der „Durchblick für alle" gilt jedoch auch für die Lehrkräfte. Gerade im Umgang mit Gewalt und unsozialem Verhalten von Schülerinnen und Schülern ist nicht allen klar, was die Aufsichtspflicht und der Erziehungsauftrag von ihnen verlangen. Dieses wichtige Thema ist es wert, auf einer Gesamtlehrerkonferenz oder einem Pädagogischen Tag ausführlicher erörtert zu werden.

Einen Grundsatz realisieren: Alle mit ins Boot nehmen!

Im Umgang mit Gewalt in der Schule gilt vor allem eines: Wenn viele an einem Strang – und in dieselbe Richtung – ziehen, klappt es besser. Es gibt zahlreiche Möglichkeiten der Zusammenarbeit, innerhalb der Schule wie auch nach außen. Neben den Kolleginnen und Kollegen und den Schülerinnen und Schülern sind die Eltern die wichtigsten Partner. Dass der Schulleitung eine besonders wichtige Rolle zukommt, versteht sich von selbst. Die gemeinsame Aufgabe ist vielfältig: Werte vermitteln und Normen verdeutlichen, Grenzen setzen, auf die Missachtung von Regeln reagieren. Damit ist es aber nicht getan. Nicht weniger wichtig sind die Stärkung der Persönlichkeit der Schülerinnen und Schülern, der Aufbau und die Pflege von Beziehungen, die durch gegenseitige Wertschätzung geprägt sind und das Schaffen eines vertrauensvollen Klimas an der Schule. Die Aufgabe ist komplex, deshalb ist es sinnvoll, zusammenzuarbeiten. Der Wunsch nach einer Zusammenarbeit entsteht, wenn deutlich wird, dass es ein gemeinsames Anliegen und ein gemeinsames Ziel gibt.

Eltern

- Verantwortung übernehmen
- Grenzen setzen
- Mit der Schule zusammen-
  arbeiten

außerschulische Partner

- Unterstützung,
- Beratung
- gemeinsame Projekte

Schülerinnen und Schüler

- fair streiten
- Zivilcourage (hinschauen
  und einspringen)
- Mitverantwortung
  übernehmen
- Grenzen akzeptieren
  und Grenzen setzen
- sich an die Regeln halten

Lehrerinnen und Lehrer

- soziales Lernen als Erzie-
  hungsauftrag annehmen
- Konflikte wahrnehmen,
  ernstnehmen, handeln:
  Grenzen setzen und zur
  Verantwortung ziehen
- Informieren der Eltern

Schule

- Klärung des Ist-Zustandes
- Schulordnung, Maßnahmenkatalog
  und Transparenz
- Kultur der Achtsamkeit und Wertschätzung
- Gestaltung des Schulhauses
- Zusammenarbeit mit Eltern und außerschulischen
  Fachkräften

Die Schulleitung

Im Umgang mit Gewalt kommt der Schulleitung eine besonders wichtige Rolle zu. Nimmt sie eine klare Position ein, hilft dies der Schulgemeinde, eine Linie zu finden. Eine starke Schulleitung ist für das Thema sensibilisiert, kehrt keine Probleme unter den Teppich und unterstützt das Kollegium in seinem Bemühen, Werte zu vermitteln und Orientierung zu geben. Wenn die Schulleitung mit im Boot sitzt, ist sehr viel gewonnen. Viele Schulleiterinnen und Schulleiter fürchten aber um den Ruf ihrer Schule, wenn ein Konflikt offen angesprochen wird, und tabuisieren deshalb Vorfälle. Andere wiederum gehen das Thema wiederum nicht offensiv an, weil sie befürchten, damit eine Lawine auszulösen und die Kontrolle zu verlieren. Aber auch wenn die Schulleitung solche Bedenken entwickelt, kann sie dennoch auf vielfältige Weise dazu beitragen, dass Werte und Normen an der Schule verdeutlicht werden, um gemeinsam gewaltpräventiv zu handeln.

Die Kolleginnen und Kollegen

Vielleicht haben Sie sich vorgenommen, in einer undisziplinierten oder mobbenden Klasse strenger durchzugreifen. Wenn in dieser Klasse auch Kolleginnen und Kollegen unterrichten, die Ihnen sympathisch sind und zu denen Sie Vertrauen haben, dann versuchen Sie, diese für Ihr Vorhaben zu gewinnen! Wenn Sie ein Team bilden und Ihre Vorgehensweise absprechen, erleichtern Sie sich die Arbeit ungemein: Es stärkt Sie psychisch, weil nicht nur Sie die nicht sehr attraktiven Rollen der Überwacherin und der Strafenden einnehmen und es unterstützt Ihre pädagogischen Bemühungen auf vielfältige Weise. In der Klasse und in Gesprächen mit den Eltern können Sie einen gemeinsamen Standpunkt vertreten. Der Austausch untereinander gibt Ihnen die Möglichkeit, problematische Situationen zu besprechen und eine größere Sicherheit im Umgang mit schwierigen Situationen zu erhalten. Die Kolleginnen und Kollegen können dabei helfen, Situationen aus einem anderen Blickwinkel zu betrachten. Durch die Zusammenarbeit wächst mit der Zeit die Kompetenz aller Beteiligten. Auch bei anderen Vorhaben sollte darauf geachtet werden, möglichst viele Kolleginnen und Kollegen mit einzubeziehen. Wenn Gewaltprävention das Aufgabengebiet von nur einer Lehrkraft ist, dann kann das Bewusstsein für die Thematik und die Kompetenz im Umgang mit Konflikten im Kollegium nicht wachsen. Ziel sollte sein, Experten von außen an einer Schule ohne größere soziale Probleme nur für kurze Zeit zur Unterstützung anzufordern.

Fachkräfte im Haus

Jede Schule hat verschiedene Lehrkräfte, die ein bestimmtes Amt einnehmen oder eine bestimmte Funktion haben oder die im Umgang mit Gewalt wichtige Ansprechpartner sind. Deren Kompetenz sollte genutzt werden. Dazu gehören zum Beispiel die Beratungslehrerin, der Vertrauenslehrer und die Drogenbeauftragte. Darüber hinaus sind an einigen Schulen Sozialarbeiterinnen, Sozialarbeiter tätig. Die letztgenannten Fachkräfte sollten unbedingt in das Kollegium eingebunden werden, denn nur dann kann ihre Arbeit nachhaltig Erfolg haben. Leider führt mancherorts die Soziarbeiterin Projekte mit einer problematischen Klassen durch, ohne dass die Lehrkräfte, die in diesen Klassen unterrichten, sich dafür interessieren und in irgendeiner Form beteiligt sind.

Externe Fachkräfte

„Die Klasse hat super mitgemacht, die Theaterpädagogin hat solche Spielchen eben besser drauf als unsereins! Ich hätte diesen Projekttag nie so gut hingekriegt!" - An vielen Schulen sind externe Fachkräfte an der Durchführung von Projekten beteiligt, seien es Polizeibeamte oder private Anbieter, zum Beispiel eine Theaterpädagogin oder ein Erlebnispädagoge. Es ist unbestritten, dass die Hinzuziehung von externen Fachkräften die Schule in ihrer pädagogischen Arbeit unterstützt und entlastet, sie ist jedoch nur dann wirklich sinnvoll, wenn diese Fachkräfte im Team mit den Kolleginnen und Kollegen arbeiten und das Projekt nicht allein durchführen. An nicht wenigen Schulen sieht es allerdings so aus, dass oft nicht einmal die Klassenlehrerin bzw. der Klassenlehrer durchgehend an den Projekteinheiten teilnimmt. Ein Nachteil davon ist, dass das Erarbeitete dann im Schulalltag nicht eingeübt werden kann. Ein anderer Nachteil ist, dass die Kolleginnen und Kollegen die Chance vertun, von den Profis zu lernen! Es gilt also, auch die externen Fachkräfte mit ins Boot zu nehmen.

Die Eltern

Die Zusammenarbeit zwischen Schule und Elternhaus ist sicherlich an den Grundschulen enger als an den Gymnasien. Je älter die Kinder werden, desto stärker pochen sie darauf, dass sich die Eltern aus dem heraushalten mögen, was sie als ihren Privatbereich betrachten. Die Eltern sollen sich nicht in ihre schulischen Angelegenheiten einmischen, und manche verbieten ihren Eltern sogar regelrecht, ein Thema oder einen Vorfall am Elternabend anzuschneiden. So unterlässt es die Mutter eben, davon zu berichten, dass ihre Tochter in der Klasse ausgegrenzt wird. Sie hat Angst, sonst das Vertrauen ihrer Tochter zu verlieren; die Tochter erzählt sowieso schon sehr wenig. Auch die Kolleginnen und Kollegen wollen die älter werdenden Kinder ernst nehmen. Häufig vertraut ein Kollege darauf, dass das Gespräch mit der Schülerin, die den Unterricht geschwänzt hat, nachhaltigen Erfolg zeigen und dadurch eine Information der Eltern hinfällig machen würde. Der pädagogische Ehrgeiz ist nachvollziehbar. „Einsichtig machen anstatt zu strafen" lautet das ungeschriebene Gesetz, an dem sich viele von uns orientieren. Die Eltern über einen Vorfall zu unterrichten käme aber einer Strafe gleich.

Gerade wenn die Kinder älter werden und auf einer ganz anderen Ebene ihre Grenzen auszuloten beginnen als sie dies vorher getan haben, ist eine enge und vertrauensvolle Zusammenarbeit zwischen Schule und Eltern aber notwendig. Wir brauchen die Eltern, um unseren schulischen Erziehungsauftrag erfüllen zu können. Nur wenn die Eltern ins Schulgeschehen miteinbezogen und frühzeitig über Vorkommnisse informiert werden, können sie ihren Einfluss geltend machen. Die Eltern hingegen brauchen uns, um ihre Erziehungspflicht erfüllen zu können. Wenn Schule und Elternhaus an einem Strang ziehen, haben unsere Bemühungen eine viel nachhaltigere Wirkung als wenn wir auf die Unterstützung der anderen Seite verzichten.

Ein außerschulisches Netzwerk bilden

Das Thema Gewalt lässt sich nicht auf die Schule beschränken. Deshalb ist es sinnvoll, mit dem Busfahrer Kontakt aufzunehmen, wenn es Probleme im Schulbus oder an der Bushaltestelle gibt, oder mit dem Streetworker, der mit den türkischen Jungs ein ernstes Wort reden wird, wenn er erfährt, dass sie Schülerinnen auf dem Weg zum Schwimmunterricht vor dem Hallenbad belästigen. Hinzu kommt, dass viele Fehlentwicklungen bei Kindern und Jugendlichen mit den gängigen erzieherischen Methoden nicht mehr bewältigt werden können. Deshalb benötigt die Schule dringend Unterstützung und Beratung durch außerschulische Fachkräfte und Institutionen.

In jeder Stadt gibt es viele Möglichkeiten, mit außerschulischen Fachkräften und kommunalen Einrichtungen zusammenzuarbeiten, zum Beispiel mit

- der Polizei,
- dem Sozial- oder Jugendamt, Sozialarbeiter,

▦ der Frauen- und Jugendbeauftragten, Vereinen, allgemeinen sozialen Diensten, kirchlichen Organisationen, der Erziehungsberatungsstelle,
▦ sozialen Institutionen.

Erkundigen Sie sich bei Ihrer Stadt- oder Kreisverwaltung, welche Einrichtungen es gibt, und informieren Sie sich über bereits bestehende Kooperationsprojekte. In manchen Bundesländern sind viele Beratungsstellen und Ämter dem Landratsamt angeschlossen.

In vielen Kommunen gibt es mittlerweile Runde Tische, die das gemeinsame Anliegen haben, der Gewalt in der Stadt und an den Schulen vorzubeugen. Mögliche Partner sind neben den Schulen (zum Beispiel Schulleitung, Lehrkräfte, Elternvertreter, Schülerinnen, Schüler), die Polizei, die Frauenbeauftragte, das Jugendamt, kirchliche Einrichtungen, Vereine, die Ausländerbehörde.

Die Aufgaben eines Runden Tisches sind unter anderem:
▦ Analyse des Ist–Zustandes,
▦ Austausch und Diskussion von Themen der Gewaltprävention,
▦ Entwicklung eines Handlungskonzeptes,
▦ Umsetzung des Konzeptes durch Arbeitsgruppen, Bürger- oder Elterninitiativen, Projekten.

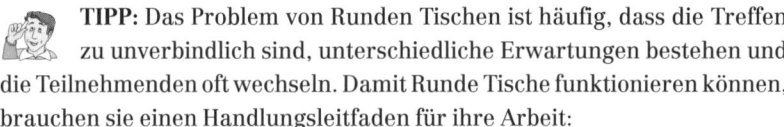

TIPP: Das Problem von Runden Tischen ist häufig, dass die Treffen zu unverbindlich sind, unterschiedliche Erwartungen bestehen und die Teilnehmenden oft wechseln. Damit Runde Tische funktionieren können, brauchen sie einen Handlungsleitfaden für ihre Arbeit:
▦ das Ziel klar formulieren,
▦ die Aufgabenbereiche klar verteilen und Untergruppen bilden,
▦ ein gemeinsames Handlungskonzept erstellen,
▦ regelmäßige Treffen vereinbaren,
▦ regelmäßig Informationen austauschen,
▦ Ergebnisse überprüfen.

5 Projektbausteine

Die folgenden Projektbausteine beschreiben wichtige Aspekte unserer Arbeit im Rahmen der Gewaltprävention.

Übersicht über die Projektbausteine

Baustein	Funktion
Intervenieren – eingreifen statt wegschauen; Intervention zwischen Tür und Angel	Klärung, wann man eingreifen muss und welche Möglichkeiten für erste Reaktionen es gibt. Eine Situation muss bemerkt und beurteilt werden, bevor man angemessen Verantwortung für ihre Klärung übernehmen kann. Erste Hinweise, wie kleinere Konflikte aus dem Stand angegangen werden können.
Eine erste Schulstunde zum Thema Gewalt	Begriffsklärung in der Klasse, Klärung der aktuellen Situation
Schule und Eltern als Bündnispartner	die Eltern einbeziehen, Transparenz und Verbindlichkeit schaffen
Gewalt durch Sprache	Sensibilität für verbale Gewalt wecken, Schimpfworte thematisieren, Notfallrhetorik – Was sagen, wenn's ernst wird?
Mobbing	Verhaltensanregungen für Lehrer und Eltern
Sozialtraining	Zusammengehörigkeitsgefühl stärken, um Verbindlichkeit zu schaffen
Selbstbehauptung	Selbstbewusstsein mental stärken durch Selbstverteidigungskompetenz
Mädchenerziehung	Mädchen stärken
Jungenerziehung	Jungen stärken, Geschlechterrollen reflektieren
ADS	besonderer Klärungsbedarf bei pathologisch bedingten Verhaltensauffälligkeiten
Projekte und Konzepte	konkrete Modelle, Projekte, Ansprechpartner und Adressen

Grenzen setzen: Regeln und Sanktionen

Regeln sind eine wertvolle Orientierung im Zusammenleben und haben die Funktion, erwünschtes und nicht erwünschtes Verhalten zu beschreiben und Grenzen aufzuzeigen. Aber nur, wenn die Regeln im Schulalltag konsequent umgesetzt werden, bieten sie Orientierungshilfen für die Schulgemeinschaft. Übertretungen müssen unbedingt Konsequenzen haben. Durch Sanktionen und die Forderung nach Wiedergutmachung und Schadenersatz werden Normverletzer zur Verantwortung gezogen. Dies soll sie daran hindern, weiterhin unerwünschte Verhaltensweisen zu zeigen. Viele Lehrkräfte und Eltern haben jedoch Hemmungen, Strafen zu erteilen, weil sie Strafen als pädagogische Bankrotterklärung empfinden, und gehen über Ermahnungen und Androhungen von Sanktionen häufig nicht hinaus. Als Erziehende befinden wir uns in einem Spannungsverhältnis zwischen Liebe und Strenge, zwischen Freiheit gewähren und Grenzen setzen. Handlungssicherheit können wir erlangen, wenn wir klar trennen zwischen Person und Verhalten: „Du bist als Mensch okay. Was du getan hast, ist aber nicht in Ordnung. Und das hat Konsequenzen." Dem Kind muss die Verantwortung für sein Verhalten gegeben werden, denn nur so kann es ein Bewusstsein für die Werte entwickeln, die wir an der Schule und im Umgang miteinander für wichtig erachten.

Dies ist neuer Lernstoff für viele, denn nur in Ausnahmefällen werden Schüler für ihr Verhalten zur Verantwortung gezogen. Wir sind geprägt durch eine Haltung, die durch großes Verständnis für das Verhalten von Tätern und Täterinnen gekennzeichnet ist. Hier ist eine Parallele zur gesetzlichen Rechtsprechung zu erkennen: Motivforschung steht an erster Stelle und es gibt weitaus mehr Programme zur Resozialisierung von Tätern als zur Unterstützung von Opfern oder zur Erhöhung der Zivilcourage von Unbeteiligten. Dies ist Verständnis- versus Verantwortungspädagogik. Es gilt, beide Enden der „Pädagogikschaukel" in eine Balance zu bringen.

Klassenregeln

Die Klasse erstellt gemeinsam mit der Klassenleitung Regeln und Sanktionen. Es sollten nicht zu viele Regeln sein. Zu einem Klassenvertrag wird die Auflistung der einzelnen Punkte, wenn alle unterschrieben haben. Die Regeln können auf ein Plakat übertragen und im Klassenzimmer aufgehängt werden. Es kann auch sinnvoll sein, alle Schülerinnen und Schüler unterschreiben zu lassen.

Am besten klappt es, wenn alle Lehrkräfte, die in einer Klasse unterrichten, auf die Einhaltung der Regeln achten. Wenn diese Abstimmung nicht möglich ist, kann die Absprache zwischen einigen Kolleginnen und Kollegen auch schon viel bewirken. Die Eltern sollten über die Regeln und die Sanktionen informiert sein.

Die Klasse 6b gibt sich folgende Regeln:

- Wir schikanieren niemanden.
- Wir verwenden keine Schimpfwörter und keine kränkenden Spitznamen.
- Wir schließen niemanden aus der Klassengemeinschaft aus.
- Wir fühlen uns alle mitverantwortlich: Was in unserer Klasse geschieht, geht uns alle an.
- Hilfe holen ist nicht petzen.
- Wir bitten eine Lehrkraft um Unterstützung, wenn wir ein Problem nicht selber lösen können.

Ort und Datum: ....

Beispiel für Klassenregeln

Beispiele für Höflichkeitsregeln:
- Wir grüßen.
- Wir sprechen uns mit dem Vornamen an.
- Wir bitten um etwas und wir bedanken uns.
- Wir entschuldigen uns.
- Wir sind uns gegenseitig behilflich.

Schulordnung

Kennen Sie die Schulordnung Ihrer Schule? Bei uns war sie kaum jemandem bekannt, bis der Schulleiter den Anstoß dazu gab, sie zu überarbeiten! Wie kommt das? Uns war nicht bewusst, wie wichtig eine Schulordnung ist und wie hilfreich sie im Schulalltag sein kann. Und dies war sicherlich nicht nur in unserem Kollegium der Fall.

Wenn wir ehrlich sind, müssen wir zugeben, dass das Wort „Schulordnung" sehr verstaubt klingt. Der Begriff wirkt aber nur so lange altertümlich, wie wir Schulordnungen verstauben lassen und nicht mit Leben füllen. Dabei kann überhaupt keine Schule auf eine gute, moderne Schulordnung verzichten. Schulordnungen und Schulleitbilder dienen dazu, das Zusammenleben zu regeln und auf das Sozialverhalten der Menschen einzuwirken. Die Akzeptanz ist höher, wenn die inhaltlichen Punkte nicht vorgegeben, sondern von allen Beteiligten gemeinsam erarbeitet werden. Bei der Anmeldung zum Schulbesuch können die Kinder und Eltern mit der Schulordnung und dem Leitbild bekannt gemacht werden. Mit ihrer Unterschrift dokumentieren sie, dass sie davon Kenntnis erhalten haben. So erfahren sie, welches Verhalten an der neuen Schule erwünscht ist und welches nicht und welche Sanktionen bei Verstößen drohen. Aber auch hier gilt dasselbe wie bei Klassenregeln: Wenn nicht auf die Einhaltung der Regeln geachtet wird, ist die beste Hausordnung und jedes wohl überlegte Schulleitbild für die Katz.

Schulleitbild

Mit einem Schulleitbild kann die Schule ein Bild, eine Vision von sich entwerfen. Die beschriebenen, übergeordneten Werte sollen den Schulalltag bestimmen, wie zum Beispiel Höflichkeit, Solidarität, gewaltfreier Umgang, Hilfsbereitschaft, Einhaltung von Regeln. Dies kann zu einem bewussteren Umgang miteinander beitragen. Wenn alle das Schulleitbild unterschreiben und sich damit einverstanden erklären, bei Nichtbefolgung der Regeln die Sanktionen zu akzeptieren, kann daraus eine Schulverfassung entstehen. Das Kopernikus-Gymnasium in Wasseralfingen zum Beispiel hat sich eine solche Schulverfassung gegeben, nähere Informationen finden Sie unter www.kgw.aa.schule-bw.de.

TIPP: Empfehlungen für das Aufstellen von Vereinbarungen:
- übersichtliche Gestaltung
- verständliche Formulierungen
- positive Formulierungen
- verbindliche Regeln nur für die wichtigsten Bereiche
- Information über Sanktionen

Sanktionen

Die konsequente Sanktionierung von Regelverstößen kann eine Eskalation von Gewalt verhindern. Die Sanktionen müssen vorher bekannt sein. Der Bestrafung sollte ein Gespräch zwischen der Lehrkraft und der Schülerin, dem Schüler und unter Umständen auch den Eltern vorausgehen, damit die Betroffenen die Maßnahme nachvollziehen können. Die Strafe darf sich immer nur auf die Sache beziehen, nicht auf den Menschen („Tobias, du bist als Mensch in Ordnung, aber was du hier gemacht hast, ist nicht okay").

Pädagogische Maßnahmen:
- Ermahnungen, Verwarnungen, Gespräche
- Sonderaufgaben (zum Beispiel Dienste für die Klassen- und Schulgemeinschaft, schriftliche Arbeiten)
- Zielvereinbarungen
- Eintrag ins Klassenbuch
- Information der Eltern
- Nachsitzen

Maßnahmen der Schulleitung:
- Überweisung in eine Parallelklasse
- Androhung des zeitweiligen Ausschlusses vom Unterricht
- Ausschluss vom Unterricht

Maßnahmen der Schulleitung nach Anhörung der Klassenkonferenz bzw. der Schulkonferenz:
- Ausschluss von gemeinsamen unterrichtsbegleitenden Veranstaltungen (zum Beispiel Ausflug, Schullandheim)
- Androhung des Ausschlusses von der Schule
- Ausschluss von der Schule.

Bei allen Maßnahmen muss die Schülerin, der Schüler gehört werden. Bei Maßnahmen der Schulleitung muss bei Minderjährigen den Eltern Gelegenheit zur Anhörung gegeben werden.

Augen auf auch außerhalb des Klassenzimmers!

Während des Unterrichts geschieht oft nichts Gravierendes, was mit Gewalt zu tun hat. Es wäre aber falsch, deshalb davon auszugehen, dass alles in Ordnung ist.

Fragen wir genauer nach, so hören wir von mancherlei Erstaunlichem: davon, dass am Vortag an einigen im Schulhof abgestellten Fahrrädern die Bremsen abmontiert worden sind, von obszönen Beleidigungen, die Schülerinnen auf dem Pausenhof und in der Stadt nachgerufen werden, von den täglichen wüsten Rempeleien an der Bushaltestelle, von der Jacke, die von Mitschülern auf dem Schulweg mit einem Hakenkreuz beschmiert wurde.

Lange Zeit hat man die Haltung eingenommen: Alles, was außerhalb des Pausenhofes und der Schule liegt, ginge die Schule nichts an. Im engeren Sinne stimmt das auch. Es besteht zum Beispiel keine Aufsichtspflicht auf dem Schulweg oder im Bus. Die Arbeit im Bereich der Gewaltprävention muss aber das außerunterrichtliche und das außerschulische Geschehen mit einbeziehen. Manche Kinder zeigen im Unterricht geradezu ein Engelsgesicht und man würde es ihnen nicht zutrauen, dass sie irgendjemandem auch nur ein Haar krümmen könnten. Dieselben Kinder verhalten sich möglicherweise in der Pause oder im Bus, also wenn sie sich außerhalb der Sicht einer Lehrkraft befinden, ziemlich gemein und widerwärtig.

Eine verstärkte Pausenaufsicht ist ein erster wichtiger Schritt. Aber Lehrkräfte können nicht überall Aufsicht führen. Sie sind auch nicht für alles zuständig. Dennoch lohnt es sich, die Aufmerksamkeit auch auf die Bereiche außerhalb des Klassenzimmers zu lenken wie zum Beispiel auf den Schulweg, die Bushaltestelle und auf die Orte, an denen sich erfahrungsgemäß viele Schülerinnen und Schüler aufhalten: Hallenbad, Jugendzentrum, soziale Brennpunkte in der Stadt. Zumindest sollte man sich ab und zu danach erkundigen, was sich dort abspielt.

Zur Unterstützung können ältere Schülerinnen und Schüler, die Schülerpaten und Eltern angesprochen werden. Um die oft recht problematische Situation an der Haltestelle und im Bus oder der S-Bahn zu kontrollieren, ließen sich beispielsweise in einigen Kommunen Schülerinnen, Schüler und Eltern als Busbegleiter trainieren.

TIPP: In manchen Städten und Gemeinden bieten Polizei oder Stadtwerke/Öffentlicher Nahverkehrsanbieter ein Training zum Busbegleiter an. Fragen Sie bitte nach.

Intervenieren – eingreifen statt wegschauen

„Je mehr Zivilcourage ein Land hat,
desto weniger Helden wird es einmal brauchen."
Franca Magnani

„Wer nichts tut, macht mit."
Plakat-Aktion der Hamburger Polizei

In unserer Gesellschaft fehlt es an Zivilcourage. Die meisten Erwachsenen halten sich lieber aus einem Konflikt heraus. Viele Lehrkräfte greifen bei Hänseleien in der Klasse oder bei Schlägereien auf dem Pausenhof nicht ein. Mitschülerinnen und Mitschüler sind oft wenig solidarisch und meinen, es gehe sie alles nichts an. Wo können wir ansetzen, wenn wir mit diesem Verhalten nicht zufrieden sind? Zuvor sollten wir ein wenig mehr darüber wissen, was viele davon abhält, einzugreifen.

Was Eingreifen oft verhindert: Die Kosten-Nutzen-Erwägung

Eingreifen wird verhindert durch:

- die Angst, es könnte gefährlich sein: „Ich könnte verletzt werden."
- das Gefühl der Unterlegenheit: „Hier kann ich ja doch nichts ausrichten."
- Unwissenheit: „Was soll ich tun?"
- Fehleinschätzung: „Das ist nicht so schlimm."
- Gleichgültigkeit: „Was geht mich das an?"
- Schuldzuschreibung: „Das Opfer ist doch selbst schuld."
- Delegation: „Dafür sind andere zuständig."
- Faszination, die von Gewaltszenen ausgeht.

Eingreifen, wenn Unrecht geschieht, Hilfe anbieten, wenn es um die Wahrung humaner Werte geht – die Erziehung zu sozialem Verhalten setzt die Bereitschaft zur Übernahme von Verantwortung voraus. Und diese ist gekoppelt mit der Wahrnehmung und Einschätzung von Situationen. Die entscheidenden Fragen lauten also:

- Ist etwas nicht in Ordnung?
- Ist die Situation so, dass ich gefordert bin?
- Welchen Beitrag könnte ich leisten?

Im öffentlichen Raum nennen wir dies Zivilcourage, im schulischen Bereich gehört es zum Erziehungsauftrag einer jeden Lehrkraft, einzugreifen, wenn Unrecht geschieht. Dieser Auftrag zur Erziehung wird aber unterschiedlich ausgelegt und es gibt auch Unsicherheiten in der Einschätzung von Situationen. Klärung tut hier Not.

Der Entscheidungsprozess

- Die Situation wahrnehmen: Hier stimmt etwas nicht!
- Die Situation beurteilen: Hier geschieht etwas, was nicht in Ordnung ist.
- Die Bereitschaft zur Übernahme von Verantwortung entwickeln: Hier bin ich gefordert!
- Das geeignete Mittel wählen (Diese Entscheidung fällt zugleich mit der Bewertung des Ereignisses)

Hilfeleistung

- Gewalt stoppen: Schluss damit!
- Oder: Hilfe holen. Ich hole jemanden! Ich hole die Polizei!

Wenn Probleme nicht wahrgenommen werden, wird auch nicht eingegriffen. Hilfe wird nur dann geleistet, wenn in jeder Phase des Prozesses die richtige Entscheidung getroffen wurde. Es nützt deshalb wenig, wenn an der Schule zwar ein Konzept zum Umgang mit Konflikten eingeführt wird, wenn aber die Schulgemeinschaft nicht ausreichend für Konflikte sensibilisiert ist. Wenn einer Lehrkraft nicht bewusst ist, dass die Verballhornung eines Schülernachnamens sehr verletzend sein kann, wird er in seinem Unterricht auch nicht darauf reagieren und diese Form des Namens vielleicht selber verwenden, weil er humorvoll wirken möchte.

Mut fassen

Für die Arbeit an der Schule bedeutet dies: zunächst die Voraussetzungen schaffen, danach die Schulgemeinschaft sensibilisieren. Besondere Bedeutung kommt hierbei den ersten drei Phasen des Entscheidungsprozesses zu, die an Beispielen erarbeitet werden sollten.

Phase 1: Die Situation wahrnehmen
Für die verschiedenen Formen von Gewalt sensibel werden und dadurch ein Problembewusstsein entwickeln. Dabei besonders die Formen psychischer Gewalt wahrnehmen, auch solche, die von Lehrkräften ausgehen und gegen Lehrkräfte gerichtet sind. Den Blick auch auf die Verhältnisse außerhalb des Klassenzimmers richten.

Phase 2: Die Situation beurteilen
Die Schule als Ort verstehen, an dem sich alle wohl und sicher fühlen können. Die Bedeutung von aggressiven und gewalttätigen Handlungen und ihre Auswirkungen auf Psyche, Lebensfreude, Lern- und Arbeitsbereitschaft erkennen. Auf einen Konsens hinarbeiten: Welches Verhalten wollen wir nicht dulden? Welches wollen wir fördern?

Phase 3: Verantwortung übernehmen
Sich als Schulgemeinschaft verstehen, in der jede und jeder mitverantwortlich ist, dass sich alle wohl fühlen. Lehrkräfte und Eltern: Erziehungsauftrag annehmen. Schülerinnen und Schüler: Mitverantwortung für die Klassen- und Schulgemeinschaft akzeptieren. Sich an Abmachungen halten, zum Beispiel welches Verhalten nicht toleriert werden soll.

Bei vielen hängt die Bereitschaft zur Wahrnehmung eines Konfliktes damit zusammen, wie sie ihre persönliche Kompetenz einen Konflikt zu klären einschätzen. Deshalb ist es sinnvoll, die Erarbeitung der Phase 1 (Sensibilisierung) gleich mit der Beschreibung von Handlungsmöglichkeiten zu koppeln. Die Beispiele sollten dabei nicht zu kompliziert sein und sich auf die am häufigsten zu beobachtenden Vorfälle beziehen:

Was kann ich tun, wie soll ich mich verhalten, wenn
- ich als Lehrkraft erlebe, dass ein Kind im Unterricht ausgelacht wird?
- ich als Schülerin, als Schüler beobachte, wie die Jacke eines Klassenkameraden beschmiert wird?
- ich erfahre, dass in das Heft einer Schülerin ein obszöner Spruch geschrieben wurde?
- ein türkischer Schüler „Scheißtürke" genannt wird?
- eine Schülerin gemobbt wird?
- ein Schüler aus Versehen das Lineal seiner Nachbarin zerbrochen hat?

An solch alltäglichen Vorkommnissen können Lehrkräfte und Schülerinnen und Schüler sehr gut einüben, was es bedeutet, Mitverantwortung zu zeigen und dabei die verursachende Person zur Rechenschaft ziehen. Erhalten die Opfer oder Geschädigten Unterstützung und werden die Täterinnen und Täter für ihr Handeln verantwortlich gemacht, entsteht eine Atmosphäre der Fairness, der Sicherheit und des Vertrauens, die Gewalt vorbeugt. Denjenigen, die gern über die Stränge schlagen, wird klar, dass es nicht leicht sein wird, ungeschoren davonzukommen, und sie werden sich stärker zurückhalten. Diejenigen, denen Unrecht geschieht, haben den Mut, sich zu wehren, weil sie wissen, dass sie ernst genommen werden, Hilfe erhalten und dass sie mit einer Wiedergutmachung rechnen können.

Intervention zwischen Tür und Angel

Wer kennt folgende Situation nicht: Wir streben mit forschem Schritt dem Klassenzimmer auf dem Unterstufenflur zu, aber anstatt die Unterrichtsstunde beginnen zu können, werden wir mit Problemen konfrontiert, die mit dem Unterricht erst einmal überhaupt nichts zu tun haben: Auf dem Gang stürmen uns Kinder entgegen und Beschwerden prasseln auf uns herab: „Der Stefan hat mir wieder auf den Kopf gehauen", „Die von der Parallelklasse haben zur Sybille ‚du Fettarsch' gesagt", „Tobias ist ausgerastet und hat Danielas Mathebuch zum Fenster rausgeworfen." Wie soll man jetzt reagieren? Den einzelnen Schülerinnen und Schülern jetzt gleich eine Standpauke halten und Strafen verteilen? (dauert zu lange!) Der Klasse einen kurzen Vortrag über respektvollen Umgang halten? (habe ich doch schon gestern gemacht!) Also am besten doch mit dem Unterrichten beginnen?

Eine andere Situation: Die Flure sind leer. Nur vor dem Zimmer, das ich ansteuere, warten zwei Mädchen, die mir langsam entgegenkommen und mich abfangen. Sie beschweren sich über das unverschämte Verhalten einer Mitschülerin.

In beiden Fällen befinden wir uns sozusagen zwischen Tür und Angel und die Zeit ist knapp. Es ist deshalb nicht verwunderlich, dass viele Lehrkräfte darauf drängen, mit dem Unterricht beginnen zu können: „Ich habe keine Zeit, ich muss heute unbedingt den Stoff wiederholen, wie ihr wisst, ist übermorgen die Klassenarbeit." Oder: „Das müsst ihr untereinander klären, wie soll ich auf die Schnelle herausfinden, wer von euch Schuld hat!"

Die meisten Lehrkräfte denken, sie müssten sofort eine Lösung bereithaben, wenn ihnen ein Problem geschildert wird, oder sie müssten sofort erkennen, wer der Schuldige ist. Da sie wissen, dass sie dies nicht leisten können, wenn die Zeit knapp ist, hören viele erst gar nicht richtig zu, wenn Kinder ihnen etwas berichten wollen. Oder sie übersehen eine gewalttätige Situation. Um besser reagieren zu können, müssen wir uns vorher überlegt haben, wie wir in einer solchen Situation handeln können. Entlastung bieten die folgenden grundsätzlichen Überlegungen:

1. Wir müssen nicht sofort wissen, wer der oder die Schuldige ist.
2. Wir müssen nicht sofort eine Lösung für das Problem haben.

Aus dem Stand Konflikte angehen

 Wenn Kinder Ihnen Klagen vorbringen oder Sie über ein Ereignis informieren wollen, sollten Sie ihnen zusichern, dass Sie sich nach der Stunde oder nach Unterrichtsschluss für sie Zeit nehmen werden: „Es ist gut, dass ihr mir das gesagt habt. Wir sprechen nach der Stunde darüber. Falls ich es vergessen sollte, erinnert mich bitte daran." Die Kinder fühlen sich dann von Ihnen ernst genommen und können sich in den meisten Fällen auf den Unterricht konzentrieren. Natürlich darf dies nicht nur eine Floskel sein, sondern Sie müssen sich wirklich zu einem späteren Zeitpunkt Zeit für das Problem nehmen.

 Wenn Sie auf dem Gang eine Rauferei beobachten, so trennen Sie die Kontrahenten, notieren sich deren Name und Klasse und sagen: „Hört sofort auf damit. Ich weiß nicht genau, was hier los ist, nach der Unterrichtsstunde sprechen wir aber darüber. Kommt in der nächsten Pause zum Lehrerzimmer." Die Ankündigung des Gesprächs lässt in vielen Fällen die Gemüter abkühlen, und häufig vertragen sich die Raufbolde bis zur Pause auch schon wieder. Wichtig ist, dass sie die Erfahrung machen: Sie werden dabei beobachtet, wenn sie gegen Regeln verstoßen, und dies macht das Eingreifen der Lehrkraft deutlich.

Angenommen, Sie haben sich ein paar Minuten Zeit nehmen können. Sie haben Ihrer Klasse zum Beispiel eine Stillaufgabe gegeben oder Sie treffen sich nach der Stunde mit den Beteiligten, dann könnten Ihnen folgende Überlegungen eine Anregung sein:

 Keine Schuldzuweisung vornehmen, stattdessen auf die Streitenden eingehen und auf Regeln hinweisen:

„Ich kann nicht beurteilen, wer von euch schuldig ist und wer angefangen hat, aber ich möchte, dass ihr euch an die Regeln haltet" oder „ ... ich möchte, dass ihr euch anständig verhaltet."

- Fragen, ob sich jemand freiwillig als schuldig bekennt:
  „Kann einer von euch, oder alle beide, jetzt schon von sich sagen, dass er, sie, sich nicht richtig verhalten hat?"
- Fragen, ob die Beteiligten sich zutrauen, den Konflikt selbst zu klären, und Hilfe anbieten:
  „Schafft ihr es allein, euer Problem zu lösen, oder braucht ihr dabei Unterstützung?" (Hilfe anbieten, zum Beispiel Streitschlichter, Lehrkraft)
- Ankündigen, dass Sie überprüfen werden, ob das Problem wirklich gelöst wurde:
  „In zwei Tagen frage ich nach, ob ihr eine Lösung für euer Problem finden konntet und euch wieder vertragen habt. Wir treffen uns in der großen Pause wieder hier."

In vielen Fällen wollen die Beteiligten das Problem unter sich lösen. Bei kleineren Konflikten ist das auch gut so. Bei größeren muss der Vorfall genauer recherchiert werden, aber auch hier können die Sätze als Anregung dienen. Wenn die Kinder zu ihrem Verhalten stehen, dann ist der Konflikt mit einer Entschuldigung oder einer Wiedergutmachung vorläufig beendet. Es sollte aber deutlich gemacht werden, dass eine Nachgefrage folgt.

Eine erste Schulstunde zum Thema Gewalt

In jeder Klasse sollte ein Gespräch über das Thema Gewalt stattfinden, um die Schülerinnen und Schüler dafür zu sensibilisieren.

Was ist Gewalt?

Zeitrahmen: eine Doppelstunde
Lernziele: Das Wort Gewalt ist in aller Munde, aber wie viele Lehrkräfte haben darüber schon mit ihrer Klasse gesprochen? Die Einschätzungen, was unter Gewalt zu verstehen ist und wie man sie zu bewerten hat, gehen weit auseinander. Schülerinnen und Schülern ist oft nicht klar, dass Vieles, was sie im alltäglichen Umgang miteinander erleben, Grenzüberschreitungen sind und als gewaltsame Handlungen verstanden werden können. Oft fehlt ihnen das Gefühl dafür, wann sie selbst die Grenzen anderer nicht beachten und wann ihre eigenen Grenzen verletzt werden. Die Schülerinnen und Schüler sollten die Gelegenheit erhalten, sowohl ihr eigenes Verhalten als auch das ihrer Mitschülerinnen und Mitschüler zu reflektieren, um es gegebenenfalls korrigieren zu können. Im Anschluss an diese Stunde sollte eine Umfrage zur Klassensituation durchgeführt und Verhaltensregeln gemeinsam entwickelt werden.

Grobziel
■ Sensibilisierung für das Thema und Reflexion der eigenen schulischen Situation

Feinziele
■ Die Schülerinnen und Schüler lernen zwischen den verschiedenen Gewaltformen zu unterscheiden.
■ Die Schüler erkennen, dass psychische Gewalt, wozu auch Gewalt durch Sprache zählt, die am häufigsten auftretende Gewaltform ist.
■ Die Schüler reflektieren die Situation in ihrer Klasse und an ihrer Schule.
■ Sie verstehen, dass jemand auch ohne böse Absicht Gewalt ausüben kann.
■ Sie lernen, dass sie ein Recht auf respektvollen Umgang haben und sich Hilfe und Unterstützung holen sollen, wenn dieses Recht verletzt wurde.
■ Die Schülerinnen erkennen, dass sie den Lehrkräften gegenüber manchmal Gewalt ausüben.
■ Sie erkennen, dass auch Lehrkräfte Schülern gegenüber Gewalt ausüben.

Stundenverlauf: Die Schülerinnen und Schüler schreiben auf vorbereiteten Zetteln auf, was sie unter Gewalt verstehen. Jeder kann so viel aufschreiben, wie ihm einfällt, wobei jeder Zettel jeweils nur mit einem Begriff beschrieben werden darf.

Die Zettel werden an die Wand geheftet (großes Plakat aus Packpapier vorbereiten) und anschließend folgenden Kategorien zugeordnet:

- körperliche Gewalt
- seelische Gewalt
- Gewalt gegen Dinge

Die Oberbegriffe können vorgegeben oder von den Schülerinnen und Schülern selbst gefunden werden. Falls notwendig, korrigiert die Lehrkraft die Zuordnungen und fügt Ergänzungen hinzu. In einem weiteren Schritt erfolgt eine weitere Unterteilung, zum Beispiel:

- Gewalt durch Sprache
- Mobbing
- sexuelle Gewalt
- Gewalt von Schülerinnen und Schülern gegen Lehrkräfte
- durch Lehrkräfte ausgeübte Gewalt (Einzelposter verwenden)

Die Lehrkraft ergänzt. Gewichtung erfolgt durch Punkteverteilung. Die Diskussion dient der Reflexion der Situation in der Klasse und an der Schule.

 TIPP: Es ist sinnvoll, die Plakate aufzubewahren, denn die Arbeitsergebnisse lassen sich sehr gut an einem Elternabend einbringen. Für die Zuordnung zu den Oberbegriffen empfiehlt es sich, ein großes Poster aus Packpapier oder auch aus einem großen Stück Tapete vorzubereiten. Die weitere Differenzierung kann auf kleineren Postern erfolgen.

Die Sensibilisierung der Schülerinnen und Schüler für das Thema „Gewalt" erfolgt durch das Gespräch in der Klasse über die richtige Zuordnung der Begriffe und die Korrekturen und Ergänzungen durch die Lehrkraft. Erfahrungsgemäß fallen den Schülern zunächst überwiegend Handlungen und Begriffe ein, die massive körperliche Gewalt beschreiben, wie töten, Krieg, Mord. Erst nach und nach entwickeln sie ein Gespür für die „kleine Gewalt" im Schulalltag.

Kommentar: Eine Doppelstunde reicht, um in das Thema einzusteigen. Um aber nachhaltige Ergebnisse zu erzielen, muss das Thema regelmäßig wieder aufgegriffen werden. Zur Vertiefung gleich nach der Einführungsstunde kann eine Hausaufgabe erteilt werden, bei der die Klasse ihr eigenes Verhalten und das ihrer Umwelt genauer beobachten soll. Die Ergebnisse dieser Wahrnehmungsübung können dann Basis für weiterführende Gespräche sein. Anschließend kann in der Klasse eine Umfrage zu gewalttätigem Verhalten innerhalb der Klasse und an der Schule durchgeführt werden.

Umfrage über gewalttätiges Verhalten

In der Praxis werden Umfragen oft durchgeführt, bevor die Schülerinnen und Schüler für das Thema sensibilisiert wurden. Es ist aber sinnvoll, das Anliegen zunächst zu besprechen, sodass die Kinder auch psychische Gewalt wie zum Beispiel Hänseleien und verbale Beleidigungen in ihrer Bedeutung einordnen können.

Einen Pädagogischen Tag durchführen

Als Einstieg in das Thema bietet sich für das Kollegium ein Pädagogischer Tag an.

Leitgedanken dafür sind:

- Den Pädagogischen Tag nicht als Einzelaktion planen.
- So konkret wie möglich arbeiten! Das bedeutet, die Problembereiche der Schule müssen vor dem Pädagogischen Tag bekannt sein.
- Konkrete Vorhaben zügig festklopfen und nicht in Analysen der Hintergründe und Schuldzuweisungen stecken bleiben („Die Eltern müssten mehr erziehen."; „Die Medien sind schuld.").
- In Kleingruppen arbeiten, keine langen Vorträge vor dem Plenum.
- Gemeinsame Ziele formulieren.

Die geplanten Maßnahmen auf folgende Kriterien überprüfen:

- Machbarkeit für das Kollegium (Zeitaufwand, Kompetenz),
- Nachhaltigkeit (Möglichkeiten der Erfolgskontrolle),
- Möglichkeiten der Verankerung in den Schulalltag.

Ablaufplanung für einen Pädagogischen Tag zum Thema Gewalt

▪ Mit der Schulleitung abstimmen und durch ein Leitungsteam vorbereiten.

▪ Den Ist-Zustand durch eine Umfrage unter Schülerinnen, Schülern und Lehrkräften analysieren.

▪ Die Fragebögen auswerten und Problembereiche analysieren.

▪ Die Ergebnisse visualisieren, zum Beispiel auf Plakate übertragen.

▪ Die Ergebnisse in Kleingruppen diskutieren und Handlungsmöglichkeiten formulieren.

▪ Im Plenum die Ergebnisse zusammentragen und besprechen.

▪ Nachhaltigkeit und Möglichkeiten der Implementierung erörtern.

▪ Konkrete Maßnahmen beschließen.

▪ Verbindliche Absprachen treffen: Wer macht was, wo, mit wem, wer kontrolliert?

▪ Termin zur Erfolgskontrolle festlegen.

▪ Feedbackrunde.

Zu bestimmten Themen kann eine Referentin, ein Referent eingeladen werden. Hier kommen verschiedene Fachkräfte in Frage, s.S. 43, 94 ff.

Schule und Eltern als Bündnispartner

Die Eltern sind die wichtigsten Bündnispartner, wenn es um Gewaltprävention an der Schule geht und um den Umgang mit Schülern und Schülerinnen, die ein problematisches Sozialverhalten aufweisen.

Die Zusammenarbeit zwischen Eltern und Schule kann in sehr unterschiedlicher Weise erfolgen, als kurzes Telefonat oder als langfristig angelegtes Projekt, bei dem die Eltern an der Ausarbeitung eines Schulleitbildes beteiligt sind. Die folgenden Möglichkeiten der Zusammenarbeit sollen an einem Elternabend angesprochen werden.

Einen Elternabend gestalten

Auch die Eltern müssen für das Thema sensibilisiert werden. Dies kann an einem thematischen Elternabend geschehen.

Wenn Sie einen Elternabend planen, müssen Sie davon ausgehen, dass die Einstellungen, die die Eltern mitbringen, sehr unterschiedlich sind. Deshalb ist es ratsam, zu Beginn des Abends eine gemeinsame Basis zu schaffen. Das Verständnis von Gewalt und die Bewertung der verschiedenen Formen von Gewalt, wie sie an der Schule auftreten, ist unter Eltern erfahrungsgemäß sehr verschieden. Eine Definition der Begriffe Gewalt und Mobbing und eine Beschreibung der verschiedenen Erscheinungsformen im Schulalltag zu Beginn des Abends sind sinnvoll. Eine kurze schriftliche Zusammenfassung sollte für die Eltern vorbereitet sein.

Ein Elternabend zum Thema Gewalt an der Schule darf sich aber nicht auf eine reine Wissensvermittlung oder Kritik am Verhalten der Klasse oder einzelner Schülerinnen und Schüler beschränken. Gern verlieren sich Eltern im Wehklagen über die vermeintlichen Ursachen wie den negativen Einfluss der Medien oder fehlende Vorbilder in unserer Gesellschaft. Um wirklich einen Schritt voranzukommen, müssen sich Eltern und Schule gemeinsame Ziele setzen.

Zunächst muss eine Vorstellung davon entwickelt werden, wie eine Zusammenarbeit aussehen könnte. Es herrscht keine einhellige Meinung darüber, welche erzieherischen Aufgaben das Elternhaus hat und welche die Schule übernehmen soll. Deshalb ist es sinnvoll, dass sich die Eltern und die Lehrkraft zunächst einmal klarmachen, welche gemeinsamen Interessen sie haben. Davon ausgehend können Ziele formuliert werden, s. dazu S. 65 ff.

Zur Vorbereitung könnte eine Arbeitsgruppe, bestehend aus Eltern, Schülerinnen, Schülern und eventuell auch Lehrkräften, gemeinsam mögliche Ziele formulieren, die dann als Einstieg in die Diskussion dienen. Lohnende Themen sind zum Beispiel: Das soziale Klima in der Klasse, Respekt, Schule und Eltern als Erziehungspartner.

Auch die Ergebnisse eines Fragebogens, den die Eltern im Vorfeld daheim ausgefüllt haben, sind als Ausgangsbasis für ein Gespräch geeignet.

Auf der CD-ROM finden Sie einen „Fragebogen für Eltern" (Material 10), der bei der Vorbereitung eines Elternabends zum Thema „Gewalt" hilfreich ist.

Um die Atmosphäre an diesem Abend etwas aufzulockern, empfiehlt es sich, die Tische zu Sitzgruppen oder in U-Form zusammenzustellen und ein paar Getränke anzubieten. Namensschildchen erleichtern das Kennenlernen der Eltern untereinander.

Wenn ein spezielles Problem vorliegt, kann eine Referentin, ein Referent eingeladen werden (zum Beispiel die Beratungslehrerin der Schule, der Jugendsachbearbeiter der Polizei, die Schulpsychologin etc.).

Möglicher Ablauf des Elternabends

▪ Einstieg: zum Beispiel Fragebogen zur Selbstanalyse (CD-ROM: Material 1 und 2). Anschließend kurzer Austausch mit dem Sitznachbarn darüber, dann kurzer Austausch im Plenum. Oder: Die Eltern schreiben auf vorbereitete Kärtchen, was sie unter Gewalt verstehen; diese werden an die Wand gepinnt und kurz besprochen.

▪ Begriffsdefinition von Gewalt und Mobbing

▪ Erscheinungsformen von Gewalt im Schulalltag

▪ Wo beginnt Gewalt?

▪ Bewertung der scheinbar „kleinen" Formen von Gewalt wie Hänseln, Beleidigen etc.

▪ Beschreibung der Klassensituation

▪ Falls verfügbar: Präsentation der Arbeitsergebnisse von Unterrichtsgesprächen zum Thema Gewalt oder andere Ergebnisse (Umfrage/Material 8 „Beobachtungsbogen zu gewalttätigem Verhalten", Statistik)

▪ Einschätzung der Situation durch die Lehrkraft

▪ Austausch in Kleingruppen, dann im Plenum

▪ Formulierung gemeinsamer Ziele

▪ Möglichkeiten der Zusammenarbeit zwischen Schule und Eltern

▪ Ansprechpartnerinnen, Ansprechpartner an der Schule

▪ Feedbackrunde

▪ Literaturtipps

Austausch zwischen Schule und Eltern

Der Austausch zwischen Schule und Elternhaus ist oft die Basis, ohne die in vielen Fällen überhaupt nicht pädagogisch sinnvoll gearbeitet werden kann. Viele ungute Entwicklungen wären zu verhindern, wenn Schule und Eltern eng zusammenarbeiten und bei einem Problem früh miteinander Verbindung aufnehmen würden. Im Schulalltag sieht es aber so aus, dass beide Seiten sich gegenseitig eher wenig informieren und erst dann miteinander Kontakt aufnehmen, wenn das Problem schon recht groß ist.

Transparenz

Den Eltern müssen die Regeln, die an der Schule gelten, bekannt sein und sie müssen darüber informiert werden, wenn sich ihr Kind nicht korrekt verhält. Zeigt das Kind ein problematisches Verhalten, so muss den Eltern klargemacht werden, dass ihre Tochter oder ihr Sohn gegen Regeln der Schulgemeinschaft verstößt und mit welchen Konsequenzen zu rechnen wäre, sollte sich das Verhalten nicht ändern. Nicht nur für die Kinder, auch für die Eltern muss die Vorgehensweise der Schule transparent und berechenbar sein.

Dokumentation der Vorfälle

Ist ein Kind im negativen Sinne auffällig, müssen die Vorfälle dokumentiert werden, zum Beispiel durch einen Tagebucheintrag oder eine schriftliche Benachrichtigung der Eltern (s. Material 11 „Elterninformation"CD-ROM). Oft werden auch größere Vorkommnisse nicht aktenkundig gemacht. In so einem Fall sind die Eltern zu Recht erstaunt, wenn sie erfahren, dass Ihrem Kind ein zeitweiliger Schulausschluss droht.

Frühzeitige Gespräche

Die Eltern sollten unbedingt frühzeitig informiert werden, wenn es ein Problem gibt. Oft warten Lehrkräfte sehr lange, bis sie die Eltern informieren, sei es aus Zeitmangel oder weil sie hoffen, dass sich das Problem löst, ohne dass die Eltern eingreifen müssen. Viele hoffen auf die Einsicht der Schülerin, des Schülers und gehen davon aus, dass sich der Vorfall nicht noch einmal ereignet. Oder sie treffen mit der Schülerin, dem Schüler die Vereinbarung, den Vorfall den Eltern nicht zu melden, falls sie, er verspricht, sich zu bessern. Hier machen viele Lehrkräfte die Erfahrung, dass sie die Bedeutung des Vorfalls unterschätzt haben und eine Eskalation wahrscheinlich hätte verhindert werden können, wenn die Eltern früher informiert worden wären.

Wichtige Voraussetzung: Nachfragen

Sich gegenseitig informieren kann man sich aber nur, wenn man von etwas Kenntnis hat. In unserem Zusammenhang muss bedacht werden, dass sowohl Eltern als auch Lehrkräfte vieles nur in Erfahrung bringen, wenn sie die Kinder für die verschiedenen Erscheinungsformen von Gewalt sensibilisieren und wenn sie aktiv nachfragen. Erfahrungsgemäß erzählen viele Kinder ab einem Alter von etwa zehn Jahren ihren Eltern nur sehr wenig von der Schule, und viele behalten auch negative Erlebnisse für sich, oft aus Scham oder aus Angst vor Racheaktionen. Auch die Lehrkräfte erfahren häufig nichts oder nur durch Zufall von den Problemen in ihrer Klasse. So kann viel Schlimmes in der Schule, auf dem Schulweg, im Schulbus und in der Stadt geschehen, ohne dass die Erwachsenen davon erfahren – und ohne dass sie helfend eingreifen können.

Gemeinsamer Erziehungsauftrag

Wenn sich die Schule nicht nur als Vermittlungsinstanz von Wissen begreift und wenn Eltern verstehen, dass Lernen sowohl den kognitiven als auch den sozialen Bereich umfasst, leuchtet ihnen auch ein, dass man sich gegenseitig informieren und in Kontakt bleiben muss. Dieser Kontakt bildet die Grundlage der Zusammenarbeit zwischen Schule und Elternhaus und ist notwendig, damit beide Seiten ihrem Erziehungsauftrag gerecht werden können.

Zusammenarbeit zwischen Schule und Eltern

1.Schritt: Formulierung gemeinsamer Ziele:
- Kinder und Lehrkräfte fühlen sich an der Schule sicher und wohl.
- Die Kinder können ungestört lernen.
- Die Kinder können ihre Persönlichkeit entfalten.
- Die Kinder werden mit Respekt behandelt und behandeln auch andere respektvoll.
- Die Kinder sind keiner Gewalt ausgesetzt und üben selbst auch keine Gewalt aus.

2. Schritt: Formulierung der notwendigen Voraussetzungen:
- Was brauchen wir, um diese Ziele zu erreichen?
- Wir informieren uns gegenseitig.
- Wir halten Kontakt zueinander.

▨ Wir machen unseren pädagogischen Einfluss geltend.
▨ Wir versuchen ein Vorbild zu sein.
▨ Wir bringen uns aktiv im Schulleben ein.

3. Schritt: Klärung des Ist-Zustandes und Beschreibung des Soll-Zustandes:
▨ Wie sieht die Zusammenarbeit und die Kontaktpflege zum jetzigen Zeitpunkt konkret aus?
▨ Wie könnte/sollte sie aussehen?
▨ Was braucht die Schule/die Klassenleitung von den Eltern?
▨ Was benötigen die Eltern von der Schule/der Klassenleitung?

Mögliche Zusammenarbeit zwischen Schule und Eltern (Beispiele)

Schule und Eltern informieren sich gegenseitig:
1. Die Schule informiert die Eltern über die vereinbarten Regeln.
2. Die Schule informiert die Eltern über Vorkommnisse
   (s. Material 1 „Elterninformation").
3. Die Eltern informieren die Schule.

Die Eltern wirken bei der Erstellung von Regeln und Vereinbarungen mit:
1. Arbeitskreis: Elternvertreter und interessierte Eltern, Klassenleitung und interessierte Schülerinnen und Schüler bilden einen Arbeitskreis.
2. „Eltern als Experten": Eltern betreuen Arbeitsgemeinschaften.
3. Eltern als Paten (s. Buddy-Projekt, S. 92)

Gewalt durch Sprache

„Gib mir dein Lineal, du Arschloch!" – „Halt's Maul, du Wichser!" Drastische Schimpfwörter und obszöne Ausdrücke gehören inzwischen zum Schul- und Kindergartenalltag. Landauf, landab beklagen Lehrerinnen und Lehrer diesen inflationären Gebrauch an Vulgärausdrücken.

Sprach(un)kultur im Klassenzimmer: Vulgärausdrücke als Teil der Jugendsprache

Jüngste Befragungen von Schulen zum Thema gewalttätiges Verhalten ergaben, dass vor allem im Bereich der verbalen Aggressionen eindeutig eine Zunahme beobachtet wird.

Eltern wie Lehrkräfte stehen dieser Flut von Vulgärausdrücken, Flüchen und Schimpfwörtern hilflos gegenüber, denn dagegen anzukämpfen, scheint ein Kampf gegen Windmühlenflügel zu sein: Der „Sprachmüll" ist allgegenwärtig. Fluchen ist sozusagen normal geworden. Wir können beobachten, dass sich dieses Vokabular inzwischen in allen sozialen Schichten breit gemacht hat.

Wollen wir die Sprache unserer Schülerinnen und Schüler kritisieren, so kommen wir nicht umhin, den Sprachgebrauch der Erwachsenenwelt, also auch unseren eigenen kritisch zu hinterfragen:
- Welche sprachlichen Vorbilder haben meine Schülerinnen und Schüler?
- Wie gehen Erwachsene sprachlich miteinander um? (in der Familie, mit Fremden, in den Medien?)
- Welche Sprache spreche ich persönlich? (im privaten Umfeld und in der Klasse?) Was sage ich, wenn ich verärgert oder enttäuscht bin?

Sprachverfall oder Gewalt durch Sprache?

Schimpfwort ist nicht gleich Schimpfwort. Es ist wichtig, dass diese Unterscheidung getroffen wird, wenn wir den sprachlichen Umgang untereinander in der Schule zum Thema machen. Ein obszönes Schimpfwort kann Teil einer ritualisierten Anrede und damit ein Bestandteil der aktuellen Jugendsprache sein. In diesem Fall ist der Ausdruck nicht beleidigend gemeint und wird auch nicht so aufgefasst. Ein Gespräch über diese Gewohnheit ist jedoch unbedingt nötig, denn Kinder und Jugendliche sollten sich auf keinen Fall daran gewöhnen, obszöne Ausdrücke zu verwenden und mit solchen angesprochen zu werden. Durch eine Gewöhnung an dieses Vokabular könnten sie unsensibel dafür werden, dass diese Sprache in einem anderen Zusammenhang eine massive Beleidigung darstellt. Es kommt also nicht in erster Linie auf das Wort an, sondern auf die Intention, die mit dem Gebrauch dieses Wortes verbunden ist. Fehlt dieses Bewusstsein, fällt auch eine Abgrenzung dagegen schwerer, und Mädchen beispielsweise nehmen es hin, Nutte oder Hure genannt zu werden – eine Sozialisation, die Übergriffen wenig oder nichts entgegenhält und keine günstige Basis darstellt für die Entwicklung eines gesunden Selbstwertgefühls.

Gewalt durch Sprache im schulischen Alltag

Neben beleidigenden Schimpfwörtern sind an der Schule noch weitere Formen zu beobachten, wie verbale Gewalt ausgeübt wird. Beispiele: Gerüchte verbreiten, Eltern oder Geschwister anderer schlecht machen, anonyme Droh- oder Schmähbriefe schreiben, diskriminierende Witze erzählen. Auch Lehrkräfte treffen nicht immer den richtigen Ton. Es fällt vielen Kolleginnen und Kollegen schwer zu akzeptieren, dass auch Lehrkräfte verbale Gewalt ausüben. Dabei ist die Sprache das Medium, bei dem sie am leichtesten Gefahr laufen, sich nicht korrekt zu verhalten. Es gibt viele Möglichkeiten, eine Schülerin oder einen Schüler offen oder verdeckt zu beleidigen oder bloßzustellen. Geringschätzende und spöttische, ironische, sarkastische und anzügliche Bemerkungen gehören zum Repertoire vieler Lehrkräfte. Die dahinter stehenden Gefühle wie zum Beispiel Ärger, Wut, Enttäuschung und Hilflosigkeit sind nicht immer bewusst. Oft fehlt auch die Wahrnehmung dafür, wie verletzend solche Äußerungen wirken. Schülerinnen, Schüler und Eltern benötigen viel Mut, um sich gegen ein solches Verhalten zu wehren. Wagen sie es, wird die verletzende Äußerung häufig als „Spaß" verharmlost, das Kind als überempfindlich hingestellt.

Beispiele für Ausdrücke und Aussprüche aus Lehrermund: „Du geistiger Tiefflieger", „Als dich deine Eltern zeugten, waren sie wohl besoffen." Zu Schülerinnen: „Du wärst besser von der Schule gegangen und schwanger geworden, als hier rumzuhängen."

Anregungen für den Umgang mit verbaler Gewalt

Wichtig ist, dass Sie auf verbale Gewalt reagieren, selbst wenn Sie wenig Hoffnung haben, damit etwas ausrichten zu können. Was Sie sonst noch tun können:

- das eigene Sprachverhalten reflektieren und selbst ein positives Vorbild geben.
- das Thema ansprechen: in der Klasse, im Kollegium, am Elternabend. Als Einstieg eignet sich ein Gedicht von Hilde Domin: Unaufhaltsam (s. Material 20 auf der CD-ROM)
- eine Umfrage in der Klasse durchführen (Material 12 „Fragebogen zur Gewalt durch Sprache", CD-ROM).
- ein Kommunikationstraining durchführen (zum Beispiel MILLER 1999: „Du dumme Sau! Von der Beschimpfung zum fairen Gespräch", s. Litera-

turverzeichnis)

■ Schülerinnen und Schüler dazu ermuntern, sich gegen Beleidigungen zu wehren: beleidigende Äußerungen zurückweisen, erst höflich, dann schärfer, bei sehr beleidigenden Äußerungen zusätzlich eine Lehrkraft informieren

■ Sprachvorbilder suchen (zum Beispiel Mitschülerinnen und Mitschüler, Lehrkräfte, Medienstars)

■ eine „Höflichkeitswoche" in der Klasse oder an der Schule durchführen.

„Sag nicht schwule Sau zu mir, du Arschloch!" – vom positiven Wert eines derben Schimpfwortes

Der Umgang mit verbaler Gewalt ist weder für Erwachsene noch für Kinder einfach. Als Grundsatz kann gelten: sich abgrenzen, die Situation dabei aber nicht eskalieren lassen. Die Bitte um einen respektvolleren Ton oder ein Satz wie „Lass mich in Ruhe! Ich habe dir nichts getan!" signalisieren, dass ich nicht dulde, dass so mit mir umgegangen wird, dabei aber höflich bleibe. Es gibt jedoch auch Situationen, in denen das Ignorieren einer verletzenden Äußerung sinnvoll sein kann.

Da mittels Sprache Realität definiert wird, ist der bewusste Umgang mit beleidigenden Worten von großer Bedeutung. Beleidigungen definieren die Beziehung zwischen zwei Personen dahingehend, dass die beleidigende Person sich über die andere erhebt und diese verletzt und demütigt. Setzt die gedemütigte Person dem nichts entgegen, steht allein die Beleidigung im Raum – und dadurch die Herabsetzung der Person. Wird ein Junge zum Beispiel mit „schwule Sau" beschimpft und kontert dies mit „Halt's Maul, du Arschloch!", stellt er mit dieser Reaktion durch die Verwendung eines weiteren Schimpfwortes das Gleichgewicht wieder her. Er hat sich also gut abgegrenzt! Ein Kind, das eine solche derbe Beschimpfung öfter überhört oder darauf nur mit einer höflichen Bitte um einen respektvolleren Umgang reagiert, läuft Gefahr, weiterhin beleidigt zu werden. Damit ein Kind ein gesundes Selbstbewusstsein aufbauen kann, muss es lernen, sich nicht nur gegen körperliche, sondern auch gegen verbale Verletzungen abzugrenzen.

Und wenn der Abgrenzungsversuch scheitert? Auch dann behält der Versuch, der Verletzung etwas entgegenzusetzen, seinen Wert. Dieses Beispiel zeigt, dass nicht generell jede aggressive Äußerung verurteilt werden sollte; ein Schimpfwort kann dadurch, dass es Grenzen setzt, auch dazu beitragen, dass ein Konflikt entschärft wird.

Notfallrhetorik

Wird ein Kind mit einem Schimpfwort beleidigt, weiß es sich oft nicht anders zu wehren als mit einem noch deftigeren Schimpfwort. Manchmal bleibt es dabei und manchmal kann dies sogar die richtige Strategie sein, um sich wirkungsvoll abzugrenzen. Der andere begreift: Aha, mit der, mit dem ist nicht gut Kirschen essen! Oft werden die Schimpfwörter aber immer massiver, die Ausdrücke immer verletzender, bis schließlich auch der obszönste Ausdruck nicht mehr stark genug ist, um dem Gegner die ihm zugedachte Portion Aggression entgegenzuschleudern. Es findet eine Art verbales Ping-Pong statt, bei dem die Wortbälle immer massiver werden. Wenn die Wut und der Zorn über die erlittene Beleidigung so groß sind, dass zur Gegenwehr Worte nicht mehr ausreichen, dann wird leicht zugeschlagen. (Vgl. TRÖMEL-PLÖTZ 1996, S. 50). Den Kindern sollte diese Dynamik deutlich gemacht werden. Eine „Notfallrhetorik" hilft ihnen, die Spirale zu unterbrechen:

- „Stopp!"
- „Ich mach nicht mehr mit!"
- „Lass uns aufhören!"
- Weggehen.

Mobbing

Mobbing hat es schon immer gegeben, früher wurde nur weniger darüber gesprochen. Um Mobbing handelt es sich, wenn ein Kind über längere Zeit mehr oder weniger systematisch geärgert und bedrängt wird und sich nicht aus eigener Kraft aus dieser Situation befreien kann. Die einzelnen Handlungen für sich betrachtet sind meistens nicht sehr gravierend und gehören zum alltäglichen Umgang der Kinder untereinander. Es beginnt häufig mit einer Neckerei und entwickelt sich dann nach und nach zu einer mehr oder weniger bewussten systematischen Schikane (KASPER 2002, S. 3). Lehrkräfte sind oft nur Zeuge einzelner weniger Handlungen. Da Mobbing meistens verdeckt abläuft und der Prozess oft schleichend ist, können Außenstehende die Situation in ihrer Gesamtbedeutung nur schwer erfassen. Lehrkräfte und Eltern haben deshalb oft keine Ahnung von der Tragweite des Geschehens. Beispiele für Mobbingverhalten:

- verspotten, anrempeln
- Gerüchte oder Lügen verbreiten
- Kleidungsstücke und Schulsachen verstecken oder beschädigen

▨ übersehen

▨ aus der Klassengemeinschaft ausgrenzen.

Mobbingopfer können Kinder und Jugendliche sein, die sich von den anderen durch Äußerlichkeiten oder Verhaltensweisen unterscheiden, zum Beispiel nicht die aktuellen Modetrends mitmachen oder großen Lerneifer zeigen. Es können aber auch völlig unauffällige Schüler oder Schülerinnen sein. Nicht selten kommt es vor, dass ein Kind bereits in der Grundschule gemobbt wurde und sich die Situation selbst nach dem Wechsel auf eine andere Schule nicht verbessert. Manche Mobbingopfer behaupten, ihnen mache das alles nichts aus. Es fällt ihnen schwer, sich selbst als Opfer zu sehen, oder sie haben davor Angst, dass ihre Quälgeister zur Rechenschaft gezogen werden, weil sie dann Racheakte fürchten.

Mobbing kann schwere gesundheitliche und psychische Folgen haben und die Lebensfreude und Lust am Lernen stark beeinträchtigen. Wenn Sie am Verhalten eines Kindes etwas seltsam finden, dann sollten Sie es aufmerksam beobachten und behutsam nachfragen. Auffällig kann Folgendes sein: häufiges Bauchweh, häufige Fehlzeiten (auch unentschuldigt), nachlassende schulische Leistungen, Ausreden, Vermeiden von Gruppenbildung mit bestimmten Mitschülerinnen und Mitschülern.

Grundsätzliche Richtlinien im Umgang mit Mobbing

Hier gilt die Null-Toleranz-Grenze!

▨ Das Mobbing muss sofort aufhören! (KASPER, 2002)

▨ „Ross und Reiter" müssen genannt werden.

▨ Das Opfer definiert, ob es Gewalt erlitten hat.

▨ Das Opfer ist nicht selbst schuld.

▨ Mobbing hört nicht von allein auf.

In einem schweren Mobbingfall ist wichtig, dass „die Schotten dicht gemacht werden": Alle werden in die Verantwortung gezogen und so lange sehr eng zusammenarbeiten, bis das Mobbing aufhört.

Was Lehrerinnen und Lehrer tun können

Ein Klassengespräch über das Thema Mobbing und eine sich daran anschließende Umfrage lässt Sie erkennen, ob in Ihrer Klasse gemobbt wird oder nicht. Auf der CD-ROM finden Sie mit Material 13 „Mobbing durch andere Schüler"eine Checkliste mit ersten Fragen über eine vermutete Mobbingsituation, und mit Material 14 „Mobbing oder Konflikte auf dem Schulweg?" einen Fragenbogen an die Schüler zur Erfassung der Situation und Material 15 „Fragebogen: Seelische Gewalt".

Ein positives soziales Klima in Ihrer Klasse ist die allerbeste Vorbeugung vor Mobbing und anderen Formen von Gewalt. Das konsequente Reagieren auf Hänseleien und dergleichen im Unterricht und eine gewissenhaft geführte Pausenaufsicht, die auch abgelegene Ecken des Schulhofes mit einschließt, sind im Kampf gegen Mobbing unerlässlich.

Material 15

Fragebogen: Seelische Gewalt

Welche Formen von seelischer Gewalt hast du in deiner Klasse beobachtet?

Wie schlimm schätzt du diese Art von Gewalt ein?

Sehr schlimm ☐   schlimm ☐   nicht so schlimm ☐

Was hast du schon selber erlebt?

Wie hast du darauf reagiert?

Hast du jemanden um Hilfe gebeten? Wen?

Wie hättest du darauf reagieren können?

Wer übt deiner Meinung nach seelische Gewalt in deiner Klasse aus?

Wie heißt er oder sie?

Was tut er oder sie?

Hast du schon einmal selber seelische Gewalt ausgeübt?

Wie und gegenüber wem?

Wie kann deiner Meinung nach geholfen werden,
damit sich die Situation in der Klasse verbessert?

Wer kann helfen?

Was kann er oder sie tun?

Reaktion auf Mobbing

- Darauf bestehen, dass das Mobbing sofort aufhört.
- Den Fall recherchieren und das Vorgehen protokollieren.
- Bei schwerwiegendem Mobbing umgehend die Schulleitung informieren.
- Jedes Fehlverhalten protokollieren, zum Beispiel im Klassentagebuch oder einem Mobbing-Tagebuch).
- Kolleginnen und Kollegen informieren.
- Die Eltern des mobbenden Kindes schriftlich informieren (s. Material 11) und mögliche Konsequenzen verdeutlichen.
- Ernsthafte Einzelgespräche mit allen Beteiligten führen.
- Verschärfte Maßnahmen androhen, falls das Mobbing nicht aufhört.
- Ein Klassengespräch führen und der Klasse ihre Mitverantwortung bewusst machen.
- Für das Opfer und den Mobber eine Unterstützungsgruppe bilden, die den Kindern dabei hilft, das angestrebte Verhalten einzuüben.
- Den Fall nicht vorschnell als gelöst betrachten, immer wieder nachfragen.

No-Blame-Approach

Dies ist ein interessanter Ansatz, der im Umgang mit weniger schwer wiegenden Mobbingfällen Handlungsperspektiven eröffnet. Statt Schuldzuweisungen vorzunehmen wird auf die Eigeninitiative und Verantwortung der Beteiligten gesetzt, wobei auch unbeteiligte Schülerinnen und Schüler zur Unterstützung mit eingebunden werden. Mit diesem einfach zu erlernenden Konzept in drei Schritten sind in der Regel rasch Fortschritte zu erzielen.

Auf der CD-ROM finden Sie eine Anleitung für die Durchführung des No-Blame-Approach (Material 16).

Allerdings muss vor Einsatz des No-Blame-Approach überlegt werden, ob wirklich darauf verzichtet werden soll, den Schuldigen oder denjenigen, der hauptsächlich Schuld hat, zu benennen. Es gibt sicherlich Fälle, in denen es aus erzieherischen Gründen wichtig ist, ein Kind mit seinem Verhalten zu konfrontieren und eine Wiedergutmachung zu fordern.

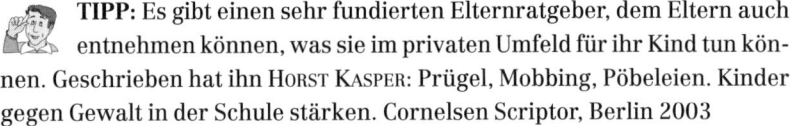

Eltern zur Mitarbeit anregen

In Zusammenarbeit mit der Schule können die Eltern eines gemobbten Kindes einiges unternehmen:
- Frühzeitig Kontakt mit der Klassenleitung aufnehmen.
- Den Namen des mobbenden Kindes nennen.
- Die Vorfälle protokollieren.
- Aufnahmen machen von beschädigten Dingen und von Verletzungen.
- Mit der Klassenleitung gemeinsam einen Plan entwickeln, wie das eigene Kind innerhalb und außerhalb der Schule unterstützt werden kann.
- Nicht locker lassen! Darauf bestehen, dass etwas geschieht.

TIPP: Es gibt einen sehr fundierten Elternratgeber, dem Eltern auch entnehmen können, was sie im privaten Umfeld für ihr Kind tun können. Geschrieben hat ihn HORST KASPER: Prügel, Mobbing, Pöbeleien. Kinder gegen Gewalt in der Schule stärken. Cornelsen Scriptor, Berlin 2003

Was die Eltern des mobbenden Kindes tun können:
- Grenzen setzen.
- Das Selbstwertgefühl stärken.
- Mit der Schule zusammenarbeiten.
- Erziehungsberatungsstelle oder schulpsychologische Beratungsstelle aufsuchen.
- Eltern und Lehrkräfte informieren.

Mobbingfälle fordern von allen Beteiligten eine intensive Auseinandersetzung mit der Situation und verlangen Geduld, Einfühlungsvermögen und eine enge Zusammenarbeit. Immer wieder erleben wir aber, dass ein Kind schon jahrelang gemobbt wurde, bevor die Eltern das Thema endlich zur Sprache bringen. Unseres Erachtens liegt dies an der Unsicherheit, wie das Geschehen einzuschätzen ist, aber vor allem an der Angst vor Konflikten. Wir vermuten dies, weil Eltern oft die Namen der Täter nicht nennen wollen.

Sie hoffen, dass es der Lehrkraft gelingt, das Mobbing zu unterbinden, indem sie das Thema in der Klasse aufgreift, ohne sich auf konkrete Personen zu beziehen. Wir haben wenig Hoffnung, dass dadurch Mobbing wirklich beendet werden kann, und versuchen dies auch den Eltern zu vermitteln.

Den Lehrkräften fällt es oft schwer, das Mobbinggeschehen als solches zu erkennen, weshalb sie Vorfälle nicht dokumentieren und die Eltern des Täters nicht oder erst sehr spät über das Verhalten ihres Kindes informieren. Wenn Mobber mit ihrem Verhalten konfrontiert werden, besitzen sie oft kein Unrechtsbewusstsein und definieren ihr Tun als Spaß. Deren Eltern zeigen häufig ebenfalls keine Einsicht und stellen sich hinter ihr Kind. Die Einsichtigkeit der Kinder und Eltern könnte erhöht werden, wenn die Lehrkräfte direkt auf Vorfälle reagierten und die Eltern früh darüber informierten. Unserer Erfahrung nach zeigen gemobbte Kinder des Öfteren ein Verhalten, das die anderen reizt. Ein offenes Gespräch in der Klasse über diese „Reizfaktoren" kann die Situation entschärfen.

Sozialtraining

Ein gutes soziales Klima in der Klasse und an der Schule ist die beste Gewaltvorbeugung. Zu welchem Zeitpunkt im Schuljahresablauf und wie intensiv das Training durchgeführt werden soll, hängt von der jeweiligen Situation in der Klasse und den persönlichen und finanziellen Ressourcen der Schule ab.

Das Training umfasst gewöhnlich folgende Bereiche:

1. Ich-Stärkung
2. Stärkung des Wir-Gefühls
3. Umgang mit Konflikten

Die genannten Bereiche lassen erkennen, dass ein solches Training sowohl als vorbeugende Maßnahme durchgeführt werden kann, als auch dann, wenn in der Klasse ein aktuelles Problem vorliegt.

Bei welchen Problemen bietet sich ein Sozialtraining an?

- Das Klassenklima ist schlecht.
- Es gibt viele Disziplinprobleme.
- Mädchen und Jungen vertragen sich nicht.
- Es wird gemobbt.
- Die Klasse ist berüchtigt, weil ...

 **TIPP:** Handelt es sich um körperliche Gewalt schwereren Ausmaßes oder um Delikte, die kriminelle Energie voraussetzen, ist das Sozialtraining nicht die geeignete Maßnahme. In solchen Fällen muss mit der Polizei und anderen Fachkräften Kontakt aufgenommen werden.

Das Training als vorbeugende Maßnahme bietet sich zu Beginn des neuen Schuljahres an, um das Wir-Gefühl der Klasse zu stärken und um eine gemeinsame Basis für den Umgang miteinander zu schaffen. Es kann kompakt als Projekt durchgeführt werden oder in Form eines mehrwöchigen Kurses angeboten werden. An manchen Schulen ist das Training in den regulären Vormittagsunterricht eingebunden, was sicher sehr sinnvoll ist, weil dies garantiert, dass die ganze Klasse daran teilnimmt. Hier bietet sich die wöchentliche Klassenlehrerstunde an, oder verschiedene Fachlehrer erklären sich dazu bereit, ein paar Stunden zu opfern. Aber auch als Interventionsmaßnahme kann sich das Sozialtraining eignen. Wenn es ein größeres Problem in der Klasse gibt, dann reicht es nämlich oft nicht, dass der Klassenlehrer nur eine einzelne Stunde dafür ansetzt. Um wirklich miteinander ins Gespräch zu kommen, benötigt man mehr Zeit, vor allem dann, wenn am Ende so etwas wie eine gemeinsame Zielvereinbarung stehen soll. In einem solchen Fall empfehlen wir als Minimum zwei halbe Tage oder einen ganzen Tag. Wenn es sich einrichten lässt, dann sollte das Training außerhalb der Schule stattfinden. Gemeinsame Mahlzeiten, eventuell gemeinsam zubereitet, verstärken das Gefühl der Zusammengehörigkeit. Zu einem ganz besonderen Erlebnis wird das Training, wenn es in einer Jugendherberge oder einer Selbstversorgerhütte stattfindet.

Neben der Klassenleitung sollten mindestens zwei bis drei weitere Lehrerinnen und Lehrer, die in der Klasse unterrichten, teilnehmen. Im Anschluss an das Training muss unbedingt auf die Einhaltung der erarbeiteten Vereinbarungen geachtet und regelmäßig nachgefragt werden, wie es der Klasse geht. Es kann durchaus sein, dass Sie zu der Überzeugung kommen, das Training sollte im Verlauf des Schuljahres wiederholt werden. Wenn wir ehrlich sind, dann ist es uns ja allen klar, dass Sozialerziehung nicht an einem Tag oder allein durch einen Kurs geschehen kann. Aus diesem Grunde sollte das Training auch nicht isoliert durchgeführt, sondern unbedingt von weiteren Maßnahmen flankiert werden. Allen voran steht hier die Einbeziehung der Eltern (begleitender Elternabend) und möglichst vieler Kolleginnen und Kollegen (Klassenkonferenz, Absprache über gemeinsames Vorgehen). Soweit zum äußeren Rahmen. Wie soll das Training aber inhaltlich aussehen?

Lehrkräfte sind keine Jugendsozialarbeiter, und es ist klar, dass Sie bei der inhaltlichen Planung Unterstützung benötigen. Folgende Personen könnten Sie ansprechen: Die Beratungslehrerin, den Vertrauenslehrer, die Schulsozialarbeiterin, eine Kollegin, einen Kollegen mit Erfahrung in der Jugendarbeit (Tipp: die Kolleginnen und Kollegen des Faches Religion sind oft lohnenswerte „Opfer"), aber auch die Schulpsychologische Beratungsstelle kann Ihnen Tipps geben.

Inhalt und Methode können natürlich variieren. Die Ausgangssituation ist immer eine andere, und die Konflikte und Probleme in der Klasse können recht unterschiedlich sein. Der folgende Plan soll Ihnen eine Vorstellung davon geben, wie ein solcher Tag verlaufen könnte. Wenn das Training eine vorbeugende Maßnahme ist, dann kann mehr Zeit für Elemente verwendet werden, die die Klassengemeinschaft fördern, wenn ein konkretes Problem vorliegt, sollte für die Aufstellung und Besprechung von Regeln genügend Zeit eingeplant werden:

- gemeinsames Frühstück
- vertrauensbildende Spiele (vgl. „Handwerkszeug": Spiele)
- Sensibilisierung für die verschiedenen Erscheinungsformen von Gewalt (vgl. Baustein „Eine erste Schulstunde zum Thema Gewalt")
- Reflexion der Klassensituation (vgl. Baustein „Handwerkszeug, Plakate")
- Empathieübungen (vgl. „Handwerkszeug": Spiel „Wenn ich du wäre …")
- Wunschzettel: Was brauchen wir voneinander, um eine gute Klassengemeinschaft bilden zu können? (vgl. „Handwerkszeug": Spiel „Ich wünsche mir …")
- meine Grenzen – deine Grenzen
- meine Mitverantwortung in der Klasse – auf jede und jeden kommt es an
- Rat und Hilfe holen: Informieren ist nicht petzen! An wen kann ich mich bei einem Problem wenden?
- Regeln aufstellen: Gesprächsregeln, Umgangsregeln, Höflichkeitsregeln
- Welche Unterstützung brauchen wir von den Erwachsenen?
- Vertrag erarbeiten (CD-ROM, Material 17 „Kooperationsvertrag")
- Termin und Art und Weise der Überprüfung festlegen, zum Beispiel durch Rückmeldebogen (Material 18 „Rückmeldebogen"/nach einem Klassengespräch, Sozialtraining)
- Feedbackrunde

TIPP: Handelt es sich um körperliche Gewalt schwereren Ausmaßes oder um Delikte, die eine kriminelle Energie voraussetzen, so ist das Sozialtraining nicht die geeignete Maßnahme. In solchen Fällen muss mit der Polizei und anderen Fachkräften Kontakt aufgenommen werden.

Inhalt und Methode eines Sozialtrainings können natürlich variieren. Die Klassensituation ist jeweils eine andere, und die Konflikte und Probleme in der Klasse können recht unterschiedlich sein. Wenn Sie Hilfe bei der Erstellung des Konzeptes und bei der Durchführung wünschen, so können Sie sich beispielsweise an die Schulpsychologische Beratungsstelle oder den Sozialarbeiter des örtlichen Jugendzentrums wenden.

Die folgenden Ideen sollen Ihnen eine Vorstellung davon geben, wie ein solcher Tag verlaufen könnte:

- Vertrauensbildende Spiele (zum Beispiel Partnerin, Partner blind führen, Netz bilden, Gordischer Knoten)
- Sensibilisierung für die verschiedenen Erscheinungsformen von Gewalt (vgl. Baustein „Eine erste Schulstunde zum Thema Gewalt")
- Reflexion der Klassensituation
- Wunschzettel: Was brauchen wir voneinander, um eine gute Klassengemeinschaft bilden zu können?
- Rat und Hilfe holen: Informieren ist nicht petzen!
  An wen kann ich mich wenden?
- Regeln aufstellen: Gesprächsregeln, Umgangsregeln, Höflichkeitsregeln
- Vertrag erarbeiten (CD-ROM, Material 19 „Schlichtungsvertrag")
- Sanktionen festlegen
- Termin und Art und Weise der Überprüfung festlegen, zum Beispiel durch Rückmeldebogen (Material 18, Einsatz nach einigen Wochen)
- Feedbackrunde

Am besten ist es natürlich, wenn das Sozialtraining einer einzelnen Klasse in Maßnahmen der gesamten Schule eingebettet ist.

Selbstbehauptung

Wir haben sehr gute Erfahrungen mit Selbstbehauptungskursen gemacht, die wir regelmäßig selbst durchführen und die auch Teil des Sozialtrainings sind. Weil das Erarbeitete eine gute Basis für die Lösung von Konflikten in der Klasse darstellt, ist die Teilnahme inzwischen für alle Kinder der neuen fünften Klassen Pflicht.

Selbstbehauptung und Selbstverteidigung beginnt im Kopf

In einem Selbstbehauptungskurs liegt der Schwerpunkt auf der Stärkung der Persönlichkeit. Die Kinder sollen lernen, dass sie Verantwortung für sich und ihre eigene Sicherheit übernehmen können und müssen. Sie lernen, dass sie ein Recht haben, sich zu wehren, und werden dazu befähigt, Grenzen wahrzunehmen und sich gegen unerwünschte Überschreitungen situationsangemessen zu wehren. Es geht in erster Linie um den Ausbau vorhandener Handlungsspielräume und setzt bei den Stärken der Mädchen und Jungen an. Höflichkeit, Respekt und Hilfsbereitschaft sind ebenfalls wichtige Themen. Ab Klasse acht bieten wir den Mädchen auch Techniken aus dem Kampfsport zur Selbstverteidigung bei sexuellen Übergriffen an.

Es gibt inzwischen sehr viele Anbieter. In den meisten Städten werden Kurse von den örtlichen (Sport-)Vereinen, der Polizei, der Volkhochschule und Jugendzentren angeboten, um nur einige zu nennen. Hinzu kommen die privaten Anbieter. Die Qualität der Kurse ist sehr unterschiedlich und es ist bekannt, dass es unter den Anbietern auch schwarze Schafe gibt. Viele Einrichtungen präsentieren sich im Internet. Die Inhalte müssen kritisch überprüft werden.

Woran erkennt man einen guten Selbstbehauptungs- und Selbstverteidigungskurs? Folgende Themenfelder sind für einen schulischen Selbstbehauptungskurs wichtig:

- Selbstbehauptung beginnt im Kopf!
- Stärkung der Persönlichkeit
- Austausch über Gewalterlebnisse
- Reflexion der eigenen Körpersprache
- Grenzüberschreitungen wahrnehmen
- Gefahren im Vorfeld erkennen
- Grenzen setzen: verbal und nonverbal
- Möglichkeiten der gewaltfreien Konfliktlösung: Redestrategien, Notfall-Rhetorik

- Rat und Hilfe holen: Hilfe holen ist nicht petzen! Wen kann ich um Hilfe bitten?
- Zivilcourage zeigen
- Erkunden der örtlichen Gegebenheiten und Gefahrenquellen
- Ausgewählte Selbstverteidigungstechniken

Im Vorfeld sollten einige wichtige Punkte abgeklärt werden:
- Zeitumfang
- Kosten
- Ausbildungshintergrund der Anbieterin, des Anbieters
- Erfahrungen/Referenzen (ggf. Zeitungsberichte)
- Inhalt
- Methode

Begleitende Maßnahmen:
- Einbeziehen der Klassenleitung und weiterer Lehrkräfte
- Elternabend
- Festlegung der schulinternen Ansprechpartnerinnen und Ansprechpartner bei Problemen
- Möglich: Teilnahme von Eltern

Nur für Mädchen oder auch für Jungen?

Die meisten Kurse werden nur für Mädchen angeboten. Unserer Meinung nach ist es sinnvoll, auch Kurse für Jungen anzubieten. Gerade die Stärkung der Persönlichkeit und Techniken der Deeskalation sind für Jungen von hohem Wert.

Altersstufe: Grundsätzlich eignet sich jede Altersstufe für einen Kurs. Darüber hinaus ist es sinnvoll, dass alle neuen Klassen an einem Kurs teilnehmen, und zwar ausnahmslos alle Schülerinnen und Schüler eines Jahrganges, um eine gemeinsame Basis zu schaffen.

Finanzierung: Im günstigsten Fall werden die Kurse kostenlos angeboten, zum Beispiel durch eine Lehrkraft, die sich durch Fortbildungen dafür qualifiziert hat. Wenn externe Kräfte herangezogen werden müssen, ist es möglich, Zuschüsse zur Finanzierung zu erhalten (s. auch S. 32).

Mädchenerziehung

In der Diskussion um Gewalt an Schulen wird der Tatsache, dass es geschlechtsspezifische Formen der Gewalt gibt, bisher wenig Beachtung geschenkt. Vandalismus, schwere körperliche Gewalt, sexuelle Übergriffe, Bedrohung mit Waffen bis hin zu Mord werden fast ausschließlich von männlichen Jugendlichen ausgeübt. Dies zeigen auch die Bluttaten von Meißen, Metten und Erfurt. Der Ruf nach Gewaltpräventionsprogrammen an Schulen ist nach diesen Gewalttaten unüberhörbar, die entwickelten Programme differenzieren allerdings nur selten zwischen weiblich und männlich. Wenn körperliche Gewalt überwiegend von männlichen Aggressoren ausgeübt wird, muss das aber Konsequenzen haben.

Die Domäne der Mädchen ist der psychische Bereich: lästern, ausgrenzen, verspotten, Gerüchte verbreiten, gemeine Briefe schreiben – das ist an der Tagesordnung in vielen Klassen, und hier mischen die Mädchen kräftig mit. Es wird immer wieder behauptet, die Mädchen hätten stark aufgeholt, was ihre Gewaltbereitschaft betrifft. Damit erweckt man einen falschen Eindruck. In der Tat ist zu beobachten, dass Mädchen aggressiver geworden sind und zum Beispiel auch mit obszönen Schimpfwörtern um sich werfen wie Jungen. Es gibt auch einige Mädchengangs, diese bilden aber die Ausnahme. Die Gewaltbereitschaft von Mädchen kann nicht mit der von Jungen gleichgesetzt werden. In der Schule sind sie häufig Opfer ihrer männlichen Mitschüler: Sie erleben Diskriminierungen und Abwertungen bis hin zu Übergriffen unterschiedlichster Art (HEILIGER 2000, S. 147 f.).

Die häufigsten Formen der Gewalt gegen Mädchen sind folgende:
- Anstieren, Taxieren und Bemerkungen, anzügliche Gesten,
- obszöne Schimpfwörter wie Hure, Nutte, Fotze, Schlampe,
- für dumm Erklären (dazu gehören Blondinenwitze),
- klischeehafte Äußerungen, wie zum Beispiel „Frauen gehören an den Herd", „was strengst du dich denn so für Mathe an, du wirst doch sowieso bald schwanger",
- beleidigende Äußerungen über das Aussehen,
- sexuelle Übergriffe wie an den Po oder an die Brust fassen,
- einen Kuss erzwingen,
- Nötigung zu sexuellen Handlungen,
- versuchte oder tatsächliche Vergewaltigung.

Das Verhalten der Jungen gegenüber den Mädchen wird von den Lehrkräften meistens nicht thematisiert, und wenn doch, dann wird es oft verharmlost – vielleicht deshalb, weil ein solches Verhalten in der Erwachsenenwelt ja auch oft als normal gilt. Die Jungen definieren ihr Handeln als Spaß. Die Mädchen sehen wenig Möglichkeiten der Abwehr, vor allem bei den subtilen Formen von Diskriminierung und Übergriffen. Selbst kluge und selbstbewusste Mädchen sind oft hilflos, wenn sie sexuell belästigt werden. Wehren sich die Mädchen, werden sie schnell als gewalttätig beschrieben. Wenn die Schule dieses Verhalten nicht zum Thema macht und keine Handlungsalternativen anbietet, dann festigt sie das Bild von einer gesellschaftlichen Ordnung, in der der Mann mehr Rechte hat als die Frau und sich Übergriffe leisten kann, ohne sich dafür verantworten zu müssen. In einer solchen Umgebung können Mädchen kein gesundes Selbstbewusstsein ausbilden und gliedern sich schon frühzeitig in die patriarchalische Hierarchie ein.

Die Mädchen stärken

Verschiedene Umfragen haben ergeben: Mädchen wünschen sich, dass Lehrkräfte eingreifen und den Jungen Grenzen setzen. Überraschenderweise sind auch viele Jungen der Meinung, es sollten ihnen mehr Grenzen gesetzt werden (HEILIGER, S. 149 und S. 153). Wenn Jungen Grenzen gesetzt werden, bringt dies nicht nur den Mädchen etwas, sondern auch den Jungen selber. Sie lernen ihr Verhalten besser einzuschätzen, können dessen Auswirkungen erkennen und sich dann bewusst entscheiden, wie sie sich verhalten wollen. Vorschläge für die Schulpraxis:

- Das Rollenbild von Frau und Mann in den Medien und in der Gesellschaft kritisch reflektieren.
- Analyse der Darstellung von Frauen und Männer in der Werbung.
- Die Darstellung der Geschlechter in Unterrichtsmaterialien kritisch betrachten.
- Unterrichtsmaterial auswählen, das ein positives Frauen- und Männerbild vermittelt.
- Einen Aufsatz oder eine Collage mit dem Thema „Ich in 20 Jahren" anfertigen lassen – mit anschließender Reflexion.
- Leistungen von Frauen hervorheben (zum Beispiel in Geschichte, Politik, Literatur, Kunst, Sport).
- Auf eine Sprache achten, die die weiblichen Formen verwendet.
- Auf ein ausgewogenes Verhältnis des Redeanteils von Mädchen und Jungen während der Schulstunde achten.

▥ Einzelne Fächer zeitweise in gleichgeschlechtlichen Gruppen unterrichten.

▥ Bei der Verteilung von Posten, Ämtern und Aufgaben auf den Anteil von Mädchen und Jungen achten: zum Beispiel Schülerinnen dazu ermuntern, sich für das Amt der Schulsprecherin zu bewerben, und sie in ihren Aufgaben unterstützen.

▥ Eine Klassensprecherin und einen Klassensprecher wählen.

▥ Mädchen mit Aufgaben betrauen, bei denen sie lernen, vor einem Publikum frei zu sprechen.

▥ Das Verhalten von Jungen gegenüber Mädchen thematisieren: im Unterricht, im Kollegium, auf Elternabenden.

▥ Bei Klagen Mädchen ernst nehmen und sie unterstützen.

▥ Selbstbehauptungs- und Selbstverteidigungskurse für Mädchen und für Jungen anbieten (getrennt und zeitweise gemeinsam).

▥ Mädchentag, Jungentag

▥ Mädchengruppe, Jungengruppe (Nach dem Rückzug in eine geschlechtshomogene Gruppe sollte der Austausch in der gemischten Gruppe erfolgen.)

▥ Regeln für einen partnerschaftlichen Umgang zwischen Mädchen und Jungen aufstellen.

▥ Verhaltensregeln in die Schulordnung bzw. in das Schulleitbild aufnehmen.

Jungenerziehung

Bei weitem mehr Jungen als Mädchen üben Gewalt aus. Daran ändert auch die Beobachtung nichts, dass es gewalttätige Mädchen gibt und diese vor allem im Bereich der psychischen Gewalt die Nase vorne haben: lästern, ausgrenzen, mobben. Notwendig wäre das Nachdenken darüber, worin das gewalttätige Verhalten der Jungen begründet sein könnte und was ihnen helfen würde, es zu ändern.

Fehlende Vorbilder

Die Sozialisation von Jungen ist geprägt durch die geringe Zahl positiver Vorbilder in den Medien und in der Gesellschaft. Wir leben in einer männlich dominierten Kultur, in der latenter und offener Sexismus (Frauen verachtendes Verhalten) häufig zu beobachten ist. Aggressives Auftreten, Draufgängertum, Dominanzverhalten und Übergriffe sind Aspekte eines „männlichen" Auftretens. Als männlich gilt auch, sich keine Gefühle anmerken zu lassen und alles abzuwerten, was weiblich ist. Das Verhalten von Jungen wird geprägt durch Konkurrenzkampf und zwanghafte Selbstdarstellung. In den sozial schwachen Schichten hat der „starke Mann" besondere Chancen, bewundert zu werden. Die letzte Karte, die ein Mann noch ausspielen kann, ist eine primitive Männlichkeit, die sich durch Ausübung von Gewalt auszeichnet. Dieses Bild finden wir auch in den Medien wieder.

Die männliche Geschlechterrolle befindet sich im Wandel, und es gibt wirksame Ansätze, die alten Bilder durch neue zu ersetzen. Deshalb ist es an der Zeit, diese gesellschaftliche Entwicklung auch in die Schulen hineinzutragen.

Überkommene Klischees in der Schule

Die traditionelle Vorstellung von den Geschlechterrollen wird an der Schule mitunter noch verfestigt. Ein Großteil des Unterrichtsmaterials verbreitet auf mehr oder weniger verdeckte Art und Weise immer noch das herkömmliche Bild von Frau und Mann. Auch manche Kolleginnen und Kollegen erhalten die alten Klischees am Leben, indem sie zum Beispiel selber herabsetzend über Frauen sprechen oder solche Äußerungen aus Schülermund tolerieren, man denke etwa an Blondinenwitze. Auch die Festlegung von Jungen auf ein „männliches Verhalten" bekräftigt die alten Vorstellungen:

Ein Junge muss sich durchsetzen können, er ist ein Schlappschwanz, wenn er eine Lehrkraft um Hilfe bittet, und ein Weichei, wenn er Tränen zulässt. Die altbekannte Parole „ein Junge weint nicht" ist noch längst nicht aus den Köpfen verschwunden.

Ein Prinzip des Unterrichts: Nachdenken über Geschlechterrollen

Sicher ist es berechtigt zu sagen, dass nicht nur Mädchen durch ihre Sozialisation in ihrer Persönlichkeitsentfaltung behindert werden. Auch die Jungen können sich nicht frei entfalten, sie erhalten zum Beispiel für die „weichen" Anteile ihrer Persönlichkeit wenig Anerkennung und können sie nicht genügend entwickeln. Man darf hierbei aber nicht übersehen, dass die Jungen den Mädchen gegenüber dennoch im Vorteil sind, da sie mehr Handlungsspielräume haben, weil sie in unserer Gesellschaft zur „Dominanzkultur" gehören.

Speziell auf Jungen zugeschnittene Unterrichtsarbeit ist also nicht als pädagogischer Trick oder als eine besondere Methode zu verstehen. Zugrunde liegt ihr vielmehr die Einstellung, eine bewusste Auseinandersetzung mit den gängigen Vorstellungen der Geschlechterrollen und deren Vermittlung anzuregen und zu begleiten. Diese Aktivität sollte also nicht als sozialpädagogisches Zusatzprogramm aufgefasst werden. Wichtig ist, dass die Jungen im schulischen Alltag vor allem auch mit solchen Lehrern Kontakt haben, die ihnen ein differenziertes Bild von Männlichkeit vorleben. Dies bedeutet die Integration zeitgemäßer Vorstellungen in den normalen Schulalltag durch Vorbilder. Als Ziele einer spezifischen „Jungenarbeit" sind zu nennen:

- Entwicklung von sozialen Kompetenzen
- Thematisierung und Kritik am bestehenden Machtgefüge zwischen den Geschlechtern und am herrschenden Bild von Männlichkeit
- Sensibilisierung für die eigenen „weichen" Anteile der Persönlichkeit und positive Bewertung dieser Aspekte

Voraussetzungen: Die Lehrerinnen und Lehrer müssen überprüfen, welches Bild sie selber von den Geschlechtern vermitteln. Dies erfordert eine Auseinandersetzung mit der eigenen Sozialisation als Frau oder als Mann. Hier sind besonders die männlichen Lehrkräfte gefordert. Gespräche, die die Schüler mit erwachsenen Männern zu persönlichen Themen führen, können zu einem erweiterten Verständnis von Männlichkeit führen.

Männliche Lehrkräfte weigern sich häufig, die persönliche Ebene zu thematisieren und tun solche Gespräche als „Psychogefasel" ab. Diese Aufgabe sollten doch lieber die Kolleginnen übernehmen.

Erfahrungen aus der Praxis: Es gibt nicht wenige männliche Lehrkräfte, die ein moderneres Bild von der Rolle der Geschlechter haben und dies zum Teil auch privat leben. Im Unterrichtsalltag kommt diese Haltung jedoch nicht ausreichend zum Ausdruck, weil sie ihre Sichtweise selten zum Thema machen und bestehende Strukturen nicht kritisieren. Obwohl an manchen Schulen die „modernen" Kollegen sogar überwiegen, fällt auf, dass diejenigen, die vor der Klasse frauenfeindliche Witze reißen und anzügliche Bemerkungen machen, vor allem bei den männlichen Schülern häufig sehr gut ankommen. Besonders in der Mittel- und Oberstufe verbünden sich manche Kollegen mit männlichen Schülern, indem sie sich in der negativen Bewertung von Frauen gegenseitig bestärken. Schülerinnen und Schüler haben ein kaum entwickeltes Bewusstsein für diese Thematik und auch die Lehrkräfte sind dem traditionellen Geschlechterbild oftmals noch sehr verhaftet.

In der Schule werden gesellschaftliche Normen verfestigt. Die Rollen und Aufgaben erfahren eine klassische Verteilung: Jungen übernehmen öffentliche und prestigeträchtige Aufgaben wie zum Beispiel das Amt des Schulsprechers. Die Mädchen zeigen Engagement bei sozialen Projekten, zum Beispiel als Patinnen für jüngere Schülerinnen und Schüler. Bei sozialen Aktivitäten sind die Jungen deutlich in der Minderzahl, und es ist schwierig, die wenigen bei der Stange zu halten.

Die Jungen stärken

- Eine Jungengruppe einrichten, die von einer männlichen Lehrkraft geleitet wird.
- Selbstbehauptungskurse für Jungen und für gemischte Gruppen anbieten.
- Soziales Engagement anerkennen und Schüler in sozial ausgerichtete Aktivitäten einbinden: sie zum Beispiel dazu ermuntern, sich als Paten für jüngere Mitschüler oder als Streitschlichter zu engagieren.
- Männliche Lehrkräfte und Väter mit neuen Rollen vertraut machen, zum Beispiel ein Lehrer als Leiter einer Koch-AG, ein Vater als Helfer in der Cafeteria.

ADS (Aufmerksamkeits-Defizit-Syndrom)

Bringt Sie ein Schüler fast „zum Wahnsinn"? Helfen bei einem Kind alle Ermahnungen und alle Strafen nichts, stört es weiterhin alle Aktivitäten durch auffallende Unruhe? Ziehen Sie in Erwägung, dass dieses Kind an ADS leidet? Ein Kind mit ADS kann ein typischer „Zappelphilipp" sein, der immer mit dem Stuhl kippelt, sich nie an die Gesprächsregeln hält und andere gern provoziert. Oder der Klassenkasper, der immer seine Sonderrolle braucht und auch gern einmal zuschlägt. Es kann aber auch ein Kind sein, das ganz unauffällig, aber häufig geistesabwesend ist und oft seine Hausaufgaben vergisst. Kinder, die in die Rubrik „Zappelphilipp" und „Hampelliese" passen, können sehr aggressiv und reizbar sein und Wutausbrüche haben. In der Mehrzahl sind dies Jungen.

Lehrkräfte sind mit den möglichen Erscheinungsbildern dieses Syndroms häufig nicht vertraut und geraten schnell an ihre pädagogischen Grenzen im Umgang mit solchen Kindern. Die Eltern sind oft ganz verzweifelt und selbst verständnisvolle Mitschülerinnen und Mitschüler total genervt. Die Ursache des Syndroms ist, so vermuten Fachleute, eine neurobiologische Störung, man spricht von einer Wahrnehmungsstörung. Diese kann sich äußern durch hohe Reizbarkeit, übersteigerten Bewegungsdrang oder umgekehrt dadurch, dass die Kinder extrem ruhig sind. Hinzu können Lese-Rechtschreibschwächen und ein gestörtes Sozialverhalten kommen. In der Schule werden wir immer häufiger mit dem Phänomen ADS konfrontiert. Der Umgang mit einem betroffenen Kind ist nicht leicht und zehrt oft an den Nerven aller.

Die Gefahr ist groß, dass sich Strafen hochschaukeln und ein Kind zum Sündenbock gemacht wird. Auf keinen Fall dürfen sich die Lehrkräfte auf einen Machtkampf einlassen. Ist die Diagnose gestellt, ist es für alle Beteiligten eine Erleichterung, wenn die Ursache für das extreme Verhalten des Schülers, der Schülerin einen Namen erhält. Es kommt dann sehr auf die Bereitschaft der Eltern an, das Kind zu unterstützen. Die Absprache zwischen den Eltern und den Lehrkräften gibt den Kindern einen Halt. Manche Lehrkräfte meinen, sie tun dem Kind etwas Gutes, wenn sie ihm etwas nachsehen, weil es ja „krank" ist. Wenn sie dies dann vor der Klasse sagen, wirkt das sehr verletzend.

Strategien im Klassenzimmer

- Bei Verdacht den Eltern raten, das Kind testen zu lassen (Beratungslehrerin, schulpsychologische Beratungsstelle, Kinder- und Jugendlichenpsychiater).
- Alle betroffenen Lehrkräfte informieren und die Vorgehensweise absprechen.
- Engen Kontakt mit den Eltern halten.
- Günstigen Sitzplatz geben (entfernt von Störquellen, in der Nähe der Lehrkraft).
- Grenzen setzen und konsequent auf die Einhaltung der Regeln achten.
- Klare Regeln und Handlungsanweisungen geben und diese möglichst schriftlich fixieren.
- Auch bei Teilerfolgen loben.
- Den Bewegungsdrang sinnvoll kanalisieren (zum Beispiel Tafel wischen lassen).
- „Coaching" durch Mitschülerinnen und Mitschüler: Sie helfen die Situation richtig einzuschätzen und geben Signale.

 TIPP: Informationen bekommen Sie beim Bundesverband Aufmerksamkeitsstörung/Hyperaktivität e.V., Postfach 60, 91291 Forchheim, Telefon/Fax: 09191/34874. Internetadressen: www.bvah.de

Übersicht: Projekte und Konzepte

Die Fülle an Projekten und Konzeptideen zum Thema Gewalt an der Schule ist inzwischen nicht mehr überschaubar. Wichtig ist, dass das Projekt keine Einzelaktion bleibt. Es nützt nicht viel, wenn Projekttage zum Thema Gewalt durchgeführt werden und das Thema danach nie wieder aufgegriffen wird. Auch ein Pädagogischer Tag, an dem sich das Kollegium von einem Referenten ganz allgemein über das Vorkommen von Gewalt an Schulen oder über mögliche Projekte zur Gewaltprävention informieren lässt, ist verschenkte Zeit, solange der Entschluss zum konkreten Handeln nicht gefasst wird. Eigentlich braucht es gar kein bestimmtes Projekt, um eine Schulgemeinschaft auf den richtigen Weg zu bringen. Grenzen setzen, Normen verdeutlichen, Regeln erklären – damit kommt man an vielen Schulen schon recht weit. Das kann jede Lehrkraft in ihrem Unterricht und auf dem Pausenhof tun. Wir wollen auch davor warnen, einfach ein fertig ausgearbeitetes Handlungskonzept zu übernehmen, ohne genauer zu wissen, wie an der eigenen Schule Gewalt überhaupt erlebt wird. Erst wenn dies geklärt ist (durch eine Umfrage zum Beispiel, Materialien 12, 13 und 14), sollten Maßnahmen gewählt werden, die zu den konkreten Problemsituationen passen.

Wenn es größere Probleme an der Schule gibt, sollte ein Gesamtkonzept zur Gewaltprävention und -intervention entwickelt werden. Mit der Durchführung eines Einzelprojektes sollte begonnen werden. Nach und nach können weitere Elemente hinzukommen, ohne dass aber das alte Projekt in Vergessenheit gerät. Dadurch wächst der Grad der Sensibilisierung aller Beteiligten für das Thema, und ihre Kompetenz im Umgang mit Konflikten erhöht sich sukzessive. Gewaltprävention wird damit Teil der Schulentwicklung.

Es gibt einige Konzepte, die sehr breit angelegt sind und die das Problem der Gewalt in seiner ganzen Komplexität zum Thema haben. Ihr Ziel ist, alle am Schulleben Beteiligten nach und nach mit ins Boot zu nehmen und sie zu einem kompetenteren Umgang mit Gewalt und Konflikten zu befähigen. Sehr viel mehr Projekte rücken einen Einzelaspekt in den Mittelpunkt, zum Beispiel die Erlernung von Konfliktlösungsstrategien. Die letzteren eignen sich gut als mögliche Bausteine eines Gesamtkonzeptes.

 TIPP: Das Konzept sollte eine Antwort auf eine konkrete Problemsituation sein. Es sollte keine Einzelaktion bleiben.

Projekte mit ganzheitlichem Ansatz

Gewaltprävention in Schulen nach Dan Olweus

Das Konzept strebt die Zusammenarbeit von allen am Schulleben Beteiligten an und kann nach dem Bausteinprinzip verwirklicht werden. Es unterscheidet nach Maßnahmen auf der Schulebene, Klassenebene und der persönlichen Ebene. 1980 in Norwegen entwickelt, wurde das Programm 1994/95 in Schleswig-Holstein als Modellprojekt erprobt und evaluiert. Es eignet sich für alle Klassenstufen und alle Schulformen gleichermaßen und ist sehr zu empfehlen.

Lions Quest/Klasse 2000

Dieses Programm stellt ein in das Unterrichtsgeschehen integriertes Präventionskonzept mit folgenden Zielen dar: konfliktfreier Umgang mit Problemen, Persönlichkeitsstärkung und Drogenprophylaxe. kimmig@s.netic.de; www.lions-fon.org

Projekte zur Konfliktbewältigung

Streitschlichter, Konfliktlotsen

Das Streitschlichtermodell ist inzwischen an vielen Schulen eingeführt worden. Schülerinnen und Schüler vermitteln als Unparteiliche in leichteren Konfliktfällen. Die Schlichtung erfolgt auf freiwilliger Basis, wobei es nicht darum geht, die Schuldfrage zu klären und einen Schiedsspruch zu fällen. Sie bietet den Kontrahenten Hilfe zur Selbsthilfe an, damit sie ihren Konflikt selber lösen können. Bevor Schlichtungen durchgeführt werden können, wird eine Gruppe von 10 bis 30 Jugendlichen und Lehrkräften ausgebildet. Die Einführung des Modells in einer Gruppe von 10 bis 20 Jugendlichen plus Lehrkräfte ist aufwändig und es ist unbedingt notwendig, die Schlichtergruppe kontinuierlich zu betreuen. Die Einführung macht nur Sinn, wenn das Programm von weiteren Maßnahmen flankiert wird. (Unter den genannten Stichworten finden Sie im Internet über die gängigen Suchmaschinen Homepages von Schulen, die über ihre Erfahrungen berichten. In Berlin beispielsweise gibt es eine Arbeitsgruppe mit dem Namen „Pax an".)

Schulmediation

Eine unparteiische dritte erwachsene Person vermittelt zwischen den Konfliktparteien mit dem Ziel einer einvernehmlichen Konfliktregelung. Besonders hilfreich bei Konflikten zwischen Jugendlichen und Lehrkräften.

Täter-Opfer-Ausgleich

Der Täter-Opfer-Ausgleich ist hilfreich bei gewichtigen Konflikten, wobei die Leitung von einer erwachsenen Person übernommen wird. Im Gegensatz zur Streitschlichtung ist die Teilnahme für den Täter verpflichtend. Die Methode hilft, schwer wiegende Konflikte konstruktiv zu bearbeiten und Lösungen zu finden. Täter und Opfer werden miteinander konfrontiert. Der Täter wird für sein Verhalten verantwortlich gemacht und muss zu einer Wiedergutmachung bereit sein. Eine sinnvolle Ergänzung zum Streitschlichtermodell.

No-Blame-Approach

Ein Ansatz, der Hilfe bei ausgeprägtem Mobbing im Einzelfall leisten kann, kommt aus England. Hier wird ganz auf Schuldzuweisung verzichtet und stattdessen die Eigeninitiative und Fähigkeit zur Selbsthilfe unter Einbeziehung der Täter und unbeteiligter Schüler gesetzt. No Blame Approach – keine Schuldzuweisung: Hier ist der Name gleichzeitig Programm. Das Programm ist für eingewiesene Lehrer gut zu handhaben, es umfasst drei Schritte. Der Vorteil dieses Ansatzes liegt auf der Hand: Jeder Lehrer kann damit arbeiten. Die guten Kräfte in der Klasse werden aktiviert. Die Mobber müssen nicht an den Pranger gestellt werden, um auch ihnen zu ermöglichen, an guten Lösungen konstruktiv mitzuwirken. Die Arbeit wird an der Stelle konzentriert, an der das Problem ist: in der Klasse. Schon in der ersten Klasse der Grundschule kann damit gearbeitet werden.

Projekte zur Erhöhung der sozialen Kompetenz

Patenschaften/Schülermentoren

Ältere Schülerinnen und Schüler übernehmen die Patenschaft für jüngere, zum Beispiel für die neuen Fünftklässlerinnen und Fünftklässler. Sie führen Aktivitäten mit der Klasse durch und halten engen Kontakt zu ihnen. Bei Problemen stehen sie als Ansprechpartnerinnen und Ansprechpartner zur Verfügung. Patenschaften können für eine ganze Klasse oder für Einzelpersonen übernommen werden.

Buddy

Dies ist ein umfangreiches Konzept, das auf Patenschaften gründet, die Jugendliche oder auch Eltern für bestimmte Schülerinnen und Schüler übernehmen.
Auskünfte: Koordinationsstelle für Suchtfragen, Gymnasiumstr. 76, 74072 Heilbronn, Telefon: 07131/563566
E-Mail: Koordinationsstelle.sucht-hn@t-online.de
www.buddy-projekt.de

Faustlos

Ein für die Grundschule entwickeltes Curriculum, das der Prävention von aggressivem Verhalten dient und schon an vielen Schulen erfolgreich eingesetzt wird.
Auskünfte: FAUSTLOS – Heidelberger Präventionszentrum GmbH, Blumenstraße 15, 69115 Heidelberg, Telefon: (06221)914422
E-Mail: info@faustlos.de
www.faustlos.de

Compassion

Ein Konzept, das die Entwicklung der Persönlichkeit fördert und die Bereitschaft zu sozialem Handeln erhöht. In einem ein- bis dreiwöchigen Praktikum werden Schülerinnen und Schüler in unterschiedlichen sozialen Einrichtungen wie Behinderten- oder Altenheimen tätig. Eine Vor- und Nachbereitung im Unterricht vertieft das Erlebte. Der Modellversuch wurde evaluiert.
www. schulstiftung-freiburg.de/compass1.htm

Arizona-Modell

Dieses Modell stärkt das eigenverantwortliche Handeln. Zeigt sich der Schüler uneinsichtig, wenn er nach einer Regelverletzung ermahnt wird, muss er ein Gespräch mit einem Trainer in einem „Trainingsraum" führen. Nur wenn er dazu bereit ist, einen Vertrag zu akzeptieren, in dem er sich zu einer klar definierten Verhaltensänderung verpflichtet, darf er wieder am Unterricht teilnehmen. www.trainingsraum.de

Selbstbehauptung/Kurse für Mädchen

STUPS

Selbstbehauptungskurs für Kinder der Klassen 4 bis 6. Trainingsziele sind unter anderem Körperwahrnehmung, nonverbale und verbale Grenzsetzung, Verhalten in kritischen Situationen, „Notfallrhetorik", Intuitionsschulung, Stärkung des Selbstwertgefühls.

Unter dem Stichwort finden Sie im Internet auf Homepages von Schulen Erfahrungsberichte dazu.

Fortbildungs- und Beratungsangebote für Lehrkräfte

Die Schulämter und Oberschulämter unterstützen Lehrkräfte in ihren erzieherischen Aufgaben in Form von schriftlichen Handreichungen zu bestimmten pädagogischen Themen sowie Fortbildungs- und Beratungsangeboten. Auch besteht die Möglichkeit, einen Wunsch nach einer bestimmten Fortbildung anzumelden. Da in der Ausbildung erzieherische Aspekte eine sehr untergeordnete Rolle spielen, besteht ein erheblicher Bedarf an Fortbildungen. Es ist sinnvoll, die Schulämter auf diesen Bedarf deutlich hinzuweisen.

Konstanzer Trainingsmodell (KTM)

Fragen Sie nach, ob dieses Programm in Ihrem Oberschulamtsbereich angeboten wird! Es ist ein Selbsthilfetrainingsprogramm zur Verminderung von Unterrichtsstörungen. Gegenseitige Unterrichtshospitationen und die Teilnahme an einer begleitenden AG über ein Schuljahr hinweg ermöglichen die Reflexion des eigenen Unterrichts im Umgang mit Unterrichtsstörungen. Nähere Informationen erteilt das zuständige Oberschulamt.

Supervision/Fallbesprechungen

Berufliche Probleme und Konflikte werden in Einzel- oder Gruppensitzungen unter der Leitung einer Fachkraft reflektiert. Ziel der Reflexion und professionellen Beratung ist, die konkrete Situation so zu verändern, dass alle Beteiligten gut damit leben können. Nähere Informationen über das zuständige Oberschulamt und die Schulpsychologische Beratungsstelle.

Gordon-Lehrertraining

Zehn Kurseinheiten für konstruktive Kommunikation und Konfliktlösung. Nähere Infoswww.top-lehrergesundheit.de (sowie weitere Informationen zum Umgang mit Konflikten, Mobbing und Krisen).

Projekte mit außerschulischen Partnern

Vereine

- Sexueller Missbrauch: Wildwasser e.V., Frauen helfen Frauen e.V.
- Medienkompetenz: Landesvereinigung kulturelle Jugendbildung e.V.; Gesellschaft für Medienpädagogik und Kommunikationskultur e.V.
- Jungenarbeit: Pfunzkerle e.V., Männer gegen Männergewalt e.V.
- Sportvereine: Sportveranstaltungen zum Thema fairer Umgang/Toleranz

Sonstige

- Polizei: Projekttage zu Themen wie Drogen, Sicherer Schulweg, Gewalt, Selbstverteidigungskurse, Fortbildungen für Lehrkräfte
- Kirchliche Einrichtungen: Projekte zum Erwerb von Sozialkompetenz, zum Beispiel Sozialpraktika, Mentoren-, Streitschlichterprogramme
- Deutscher Kinderschutzbund: Elternarbeit, Vorträge, Projekte zur Persönlichkeitsstärkung bei sexuellem Missbrauch
- Stiftungen: mehrwert Agentur (Stuttgart), Robert-Bosch-Stiftung u.v.a.
- Private Anbieter: Lions Club International, Konfliktkultur Freiburg, Wilde Bühne Esslingen – Theaterprojektarbeit u.v.a.

6 Handwerkszeug

Literarische Texte: Gedichte, Balladen, Anekdoten

Auf der CD-ROM finden Sie fertig ausgearbeitete Materialien/Arbeitsblätter zu folgenden Texten:

Material 20: Hilde Domin,	geeignet ab Klasse 7
Material 21: Christine Nöstlinger,	geeignet ab Klasse 6
Material 22: Franz Hohler, Der Schlag	geeignet ab Klasse 6
Material 23: Erich Fried, Zwei Gedichte	
Erich Fried, Die Gewalt	geeignet ab Klasse 8
Erich Fried, Humorlos	geeignet für alle Klassen
Material 24: Bertolt Brecht, Der hilflose Knabe	geeignet ab Klasse 5

Übungen

Die folgenden Übungen können mit der ganzen Klasse zum Beispiel im Rahmen eines Klassengesprächs oder Sozialtrainings oder mit einzelnen Schülerinnen und Schülern durchgeführt werden. Einige sind eher kognitiv orientiert, andere haben eine spielerische Form.

Wenn ich du wäre ...

Empathieübung durch Perspektivwechsel: Die Beteiligten nehmen nacheinander die Perspektive einer anderen Person ein, zum Beispiel des Opfers oder der Lehrkraft. Die Übung eignet sich bei Konflikten jeglicher Art, auch zwischen Schülern und Lehrkräften. Vorgegebene Satzanfänge, die beendet werden müssen, geben der Übung eine feste Struktur. Beispiele:
- Wenn ich Opfer wäre, würde ich mich ... fühlen, weil ...
- Wenn ich in der Situation der Lehrerin wäre, dann hätte ich wahrscheinlich den Eindruck, dass ...

Das gute Gerücht

Das Gute im anderen entdecken: Die Beteiligten formulieren jeweils einen positiven Satz über die Person, mit der sie im Konflikt sind. Die Klasse ist oft erstaunt, wie viel Gutes dabei zusammenkommt. Die Übung entspannt die Atmosphäre und erleichtert die Schritte, die zur Konfliktlösung nötig sind.

„Ich wünsche mir von dir, dass ..."

Kritik üben und Kritik aushalten: Eine Person beginnt:
„Felicia, ich finde an dir gut, dass ...,
und ich wünsche mir von dir, dass ..."
Die Formulierungen müssen knapp und konkret sein. Danach kann das Kind selbst ein anderes ansprechen. Das Spiel kann gut eingesetzt werden, wenn ein schlechtes Klima in der Klasse herrscht. Die ritualisierten Sätze werden an die Tafel geschrieben. Die Lehrkraft achtet darauf, dass die Kritik sachlich formuliert ist, und enthält sich jeglichen Kommentars; sie sollte sich auch selbst kritisieren lassen.

Der Sockenkampf

Aggressionsabbau: Zwei Kinder, die eine Wut aufeinander haben, treten zum Kampf gegeneinander an. Die Schuhe werden vorher ausgezogen. Wem es gelingt, dem anderen die Socken auszuziehen, hat gewonnen. Jegliche Gewaltanwendung ist verboten. Das Spiel ist sehr lustig; die Regeln müssen vorher festgelegt werden.

Nein-Sagen

Grenzen setzen, Respekt fordern, Übergriffe wahrnehmen: Die Übungen zeigen, wie man sich deutlich abgrenzen kann.

1. Übung: Die Kinder stehen oder sitzen in einem Kreis und sagen der Reihe nach zueinander „Nein!" oder „Lass mich in Ruhe!", und zwar in verschiedenen Varianten: leise, laut, ängstlich, bestimmt, wütend. Sie erproben dabei die unterschiedliche Wirkung. Manche Kinder benötigen viel Zuspruch, bevor sie ein lautes und wütendes Nein zu sagen wagen.

Anleitung: Körperhaltung: fester Stand, aufrechte Haltung; Blick: fester, auch böser Blick; Gesichtsausdruck: ernst, kein Lächeln; Tonfall: bestimmt; Lautstärke: mittel; Worte: „Nein!" Oder „Lass mich in Ruhe! Hau ab!"

2. Übung: Die Schülerinnen und Schüler stellen sich in zwei Reihen auf. Jedes Kind hat ein Gegenüber. Die eine Reihe bleibt stehen, die Kinder der anderen Reihe bewegen sich langsam so lange auf ihr Gegenüber zu, bis diese allein durch ihren Gesichtsausdruck (böser Blick) zu verstehen geben, dass sie sich nicht weiter nähern sollen. Im Anschluss muss ein Austausch darüber stattfinden, ob der Gesichtsausdruck richtig interpretiert wurde und ob die Abgrenzung geklappt hat.

Hilfe holen ist nicht petzen

Zivilcourage zeigen: In Rollenspielen können Situationen durchgespielt werden, in denen eine Schülerin, ein Schüler Mitverantwortung zeigt, ohne sich dabei selbst in Gefahr zu bringen. Die Kinder lernen dabei zwischen Hilfeholen und Petzen zu unterscheiden. Sie spielen auch die Situation durch, dass sie um Unterstützung bitten, von der (erwachsenen) Person aber nicht ernst genommen werden.

Mögliche Situationen:
- Eine Schlägerei findet statt: Selbst Hilfe holen, jemanden schicken um Hilfe zu holen.
- Das Kind weiß, dass ein anderes gemobbt wird: die Eltern, eine Lehrkraft informieren.
- Das Kind beobachtet, wie ein anderes belästigt wird: andere darauf aufmerksam machen, Erwachsene informieren.
- Das Kind, das um Unterstützung bittet, wird nicht ernst genommen: sich nicht abwimmeln lassen, das Anliegen sehr deutlich formulieren, auf die Wichtigkeit hinweisen, eine andere Person um Unterstützung bitten.

Weitere Übungen

Auf der CD-Rom werden weitere Materialien angeboten:

Material 25: Meine Welt — Collage, Einzelarbeit
Material 26: Mädchen sind toll – Jungen sind toll
             Ziel: Achtung und Respekt, Regeln für den Umgang miteinan-
             der; Material: ca. vier Meter Packpapier oder eine Tapetenrol-
             le, ein dicker Stift. Gruppenarbeit in geschlechtshomogenen
             Gruppen
Material 27: Respekt
             Material: ca. vier Meter Packpapier oder eine Tapetenrolle, ein
             dicker Stift. Gruppenarbeit in geschlechtshomogenen Gruppen
Material 28: „Sabine wird gehänselt" — Rollenspiel
Material 29: Standbild — Gruppenarbeit
Material 30: Meine Traumschule/Meine Traumklasse
             Einzelarbeit; Ergebnissicherung als Gruppenarbeit; Material:
             große Pappen
Material 31: Hilfe holen ist nicht petzen — Rollenspiel
Material 32: Provokation — Rollenspiel

Einsatz der Übungen – Übersicht

Ich-Stärkung	Meine Welt
	Mädchen sind toll – Jungen sind toll
Mitverantwortung, Regeln für den Umgang miteinander	Sabine wird gehänselt
	Hilfe holen ist nicht petzen
	Wenn ich du wäre
	Das gute Gerücht
Achtung und Respekt, Regeln für den Umgang miteinander	Mädchen sind toll – Jungen sind toll
	Respekt
	Meine Traumschule/Meine Traumklasse
	Ich wünsche mir von dir, dass ...

Mädchenerziehung, Jungenerziehung	Mädchen sind toll – Jungen sind toll Meine Welt Respekt Das gute Gerücht Ich wünsche mir von dir, dass ...
Umgang mit Konflikten	Nein-Sagen Das gute Gerücht Wenn ich du wäre Ich wünsche mir von dir, dass ... Standbild Der Sockenkampf Provokation

Sprachspiele

Scrabble

Dieses Sprachspiel bietet einen spielerischen, kreativen Zugang zum Thema, bei dem zu einem Schlüsselbegriff Assoziationen formuliert werden. Das Spiel eignet sich für jede Klassenstufe. Die dabei entstehenden Wortbilder können als Plakat im Klassenzimmer aufgehängt werden und als Einstieg in ein Gespräch an einem Elternabend oder einem Pädagogischen Tag dienen. Sie können aus einzelnen Wörtern, Satzteilen, ganzen Sätzen oder auch als fortlaufender Text gebildet werden. Mögliche Schlüsselbegriffe: GEWALT, JUNGEN, MAEDCHEN, MOBBING, ZIVILCOURAGE.

Textbeispiel für ein solches Akrostichon:

$\boxed{G}$ ewalt in der Schule erlebe ich jeden Tag. Meine

$\boxed{E}$ ltern wissen davon nichts.

$\boxed{W}$ enn ich ihnen davon erzählte, gingen sie zur Lehrerin. Davor habe ich

$\boxed{A}$ ngst.

$\boxed{L}$ ange halte ich die Schikane aber nicht mehr aus, hoffentlich bin ich bald

$\boxed{T}$ ot.

Sätze ergänzen

Gewalt ...

Gewalt ist allgegenwärtig.
Gewalt wird oft ignoriert.
Gewalt erzeugt Gegengewalt.

Lehrkräfte ...

Lehrkräfte schauen oft weg.
Lehrkräfte sollen eingreifen.

Ich wünsche mir ...

Ich wünsche mir, dass die anderen
mich mit meinem Vornamen ansprechen.

Ich wünsche mir, dass mich meine Mama in
Zukunft mit dem Auto zur Schule fährt, weil
ich im Bus immer gehänselt werde.

Szenisches Spiel mit Masken

Folgendes Beispiel ist das Ergebnis eines Schreibworkshops zum Thema Gewalt mit Schülerinnen der Mittelstufe. Sie haben das Thema Gewalt durch Lehrkräfte selbst ausgewählt und die Ergebnisse szenisch aufgeführt. Alle Beteiligten waren maskiert.

Spielanleitung: Eine Gruppe stellt die Personengruppe dar, von der Gewalt ausgeht; diese steht vor dem Publikum. Die Mitglieder der anderen Gruppe verteilen sich im Raum. Nun spricht die erste Gruppe mit sehr bestimmtem Tonfall im Chor: „Lehrkräfte (Jungen/Mädchen ...) üben keine Gewalt aus." Daraufhin meldet sich eine Einzelstimme aus der Menge und ruft einige Formen von Gewalt, die sehr wohl von dieser Personengruppe ausgehen. Die Gruppen und die Einzelstimmen sprechen abwechselnd, wobei der Dialog immer schärfer wird. Zum Schluss wird vor dem Publikum schweigend ein Plakat vorbeigetragen, auf dem zum Beispiel ein Satz wie folgender steht: „Lehrer haben immer Recht." („Mädchen sind nicht gewalttätig.", „Jungen meinen das nicht so.", „Ihr seid alle viel zu empfindlich.", „Ihr versteht das alles ganz falsch.") Auch andere Aspekte der Gewalt können in Szene gesetzt werden, zum Beispiel Gewalt gegen Lehrkräfte oder Gewalt gegen Eltern.

Verträge

Material 17

Kooperationsvertrag

Schule: _____

Ort: _____   Datum: ____

Vereinbarung

Wir, die Eltern, Schülerinnen, Schüler und Lehrkräfte der Klasse ____ treffen zum Wohle aller folgende Vereinbarungen:

• Wir achten auf einen höflichen Umgang miteinander.
• Bei Missachtung von Regeln akzeptieren wir Sanktionen und sind zu einer Wiedergutmachung bereit.
• Wir machen als Eltern unseren erzieherischen Einfluss geltend.
• Wir sind als Lehrkräfte und Eltern den Kindern ein Vorbild.
• Wir informieren uns gegenseitig über wichtige Vorkommnisse.

_____   _____
Namen der Schülerin, des Schülers   Unterschrift

_____   _____
Unterschrift der Eltern,
der, des Erziehungsberechtigten

_____   _____
Unterschrift der Lehrkräfte

Material 18

Schlichtungsvertrag

Konfliktpartei A: **Konfliktpartei B:**

_____   _____

Es geht um Folgendes:

_____

_____

_____

_____

Wir haben das Problem mit _____
besprochen und uns auf folgende Lösung geeinigt:

_____

_____

_____

_____

_____

Ort: _____   Datum: _____

_____   _____
(Konfliktpartei A)   (Konfliktpartei B)

_____   _____
(Person, die das Gespräch moderiert hat / Personen, die das Gespräch moderiert haben)

Material 33

Friedensvertrag

Friedensvertrag

zwischen

A _____ und B _____

A verspricht:

_____

_____

_____

B verspricht:

_____

_____

_____

Ort _____

Datum _____

A _____ B _____
Unterschrift Unterschrift

Checklisten

Als Pädagoginnen und Pädagogen haben wir viele Möglichkeiten, der Gewalt entgegenzuwirken, ohne deshalb gleich Expertinnen und Experten in Sachen Gewaltprävention sein zu müssen. Diese Erkenntnis gibt uns den Schwung und Optimismus, Kolleginnen und Kollegen zu ermuntern, sich auf das Thema Gewaltprävention bewusst einzulassen.

Gehen Sie die Checklisten in Ruhe aufmerksam durch und schauen Sie, was Sie schon längst tun und welche Ziele Sie kurzfristig, mittelfristig und langfristig anstreben. Falls die anderen an Ihrer Schule nicht mitziehen sollten, weil sie vielleicht der Auffassung sind, es gäbe keine Gewalt an Ihrer Schule, so können Sie, zumindest in den Klassen, in denen Sie unterrichten, auch allein schon sehr viel bewirken. Einfacher ist es allerdings im Team mit einer netten Kollegin oder einem freundlichen Kollegen.

Material 34: „Möglichkeiten der Gewaltprävention" finden Sie auf der CD-ROM
Material 35: „Verhalten in Gewaltsituationen" ist ebenfalls auf der CD-ROM zu finden
Material 36: „Verhalten bei Mobbing" ist auf der CD-ROM.

Material 37

Liste relevanter Telefonnummern

Eine Zusammenstellung der örtlichen Hilfsangebote hilft, um im akuten Fall schnell handeln und kompetent raten zu können. Auf Wunsch kann das Gespräch anonym bleiben. Einige Nummern sind im Telefonbuch unter der Rubrik „Stadtverwaltung" oder „Kreisverwaltung" zu finden. Die Liste sollte im Lehrerzimmer aushängen.

Institutionen/Fachkräfte

* Gewaltpräventionsberaterin, Gewaltpräventionsberater

* Schulpsychologische Beratungsstelle

* Erziehungsberatungsstelle

* Jugendamt

* Beratungsstellen der Kirchen

* Polizei

* Frauenbeauftragte

* Deutscher Kinderschutzbund

* Pro Familia

* Krankenhaus, Ambulanz

* Unfallärztin, Unfallarzt

* Ärztin, Arzt für Kinderheilkunde

* Rechtsanwältin, Rechtsanwalt

Jahresplan zur Gewaltprävention am Beispiel Peutinger-Gymnasium

Klasse 5

- Vertrauenslehrerin, Vertrauenslehrer stellt sich persönlich vor
- Patinnen und Paten als Ansprechpartner bei Problemen
- Klassenregeln
- Selbstbehauptungstraining und Sozialtraining für alle Klassen verpflichtend
- Begleitender Elternabend
- Projekttag „Sicherer Schulweg" in Zusammenarbeit mit der Polizei (u.a. Buskonflikte)
- Elternabend „Sicherer Schulweg"
- Unterstützung bei Konflikten auf dem Schulweg und im Bus nach Bedarf
- AG „Schlaue Füchse"
- Kooperationsgespräche mit den Grundschulen

Klasse 6

- Auffrischungskurs Selbstbehauptung
- AG „Schlaue Füchse"

Klasse 7

- Fächerübergreifender Unterricht zum Thema „Drogen"
- Projekttag zum Thema „Drogen"
- Elternabend „Drogenprävention"

Klasse 8

- Selbstverteidigungskurs für Mädchen im Rahmen des Sportunterrichts
- Projekttag „Herausforderung Gewalt" in Zusammenarbeit mit der Polizei
- Begleitender Elternabend

Klasse 9

- Patenschaft für eine fünfte Klasse
- Betreuung und Fortbildung der Patinnen und Paten
- Projekttag „Herausforderung Gewalt" in Zusammenarbeit mit der Polizei
- Begleitender Elternabend

Klasse 10

- Patenschaft für eine fünfte Klasse
- Betreuung und Fortbildung der Patinnen und Paten
- Projekttag „Herausforderung Gewalt" in Zusammenarbeit mit der Polizei
- Begleitender Elternabend
- Soziales Projekt (Compassion Projekt)

Klasse 11
- Projekttag „Herausforderung Gewalt" in Zusammenarbeit mit der Polizei
- Begleitender Elternabend

Nach Bedarf
- Beratung von Kolleginnen, Kollegen und Eltern
- Sozialtraining für Klassen (als Ein- oder Zweitagesprojekt)
- Streitschlichtung zwischen Schülerinnen und Schülern durch Lehrkräfte
- Mediation bei Konflikten zwischen Schülerinnen, Schülern und Lehrkräften

Klassenübergreifend
- Schulsanitätsdienst
- Elternabend zu Verstößen gegen die sexuelle Selbstbestimmung von Kindern, zusammen mit dem Kinderschutzbund
- Beteiligung von Eltern und Schülerinnen und Schülern bei der Erarbeitung von Regeln und Zielen (Schulordnung, Leitbild)

Schulebene
- Beauftragter für Gewaltprävention mit einer Entlastungsstunde
- Fallbesprechungen
- Verfügbarkeit von Grundlagenliteratur
- Schulinterne Fortbildungen zu Gewaltprävention
- Vermittlung von Selbstbehauptungstechniken für Sportlehrerinnen
- Mitarbeit im Netzwerk Gewalt der Stadt Ellwangen
- Zusammenarbeit mit verschiedenen außerschulischen Fachkräften und Institutionen
- Zusammenarbeit mit dem Freizeitsportclub Ellwangen (Abteilung Taekwondo)
- Elternförderverein
- Mitwirkung am Projekt „Soziale Schulqualität"

Inhaltliche Leitgedanken
- Gewaltprävention muss etwas Alltägliches sein.
- Die Eltern sind die wichtigsten Bündnispartner.
- Gewaltprävention ist in erster Linie Erziehung und konsequentes Handeln.
- Die Schule braucht Unterstützung von außen.
- Die vertrauensvolle Beziehung zwischen Lehrkräften und Schülerinnen und Schülern ist wichtig.

Literatur

Grundlagen: Einführung, Ursachen, Konzepte

GALTUNG, JOHAN: Strukturelle Gewalt. Beiträge zur Friedens- und Konflikt-forschung. Rowohlt, Reinbek 1975

GUGGENBÜHL, ALLEN: Die unheimliche Faszination der Gewalt. DTV, München, 2.Aufl. 1977

HUMMEL, CORNELIA: Gewalt an der Schule: Wie gehen Erwachsene und Kinder damit um? Ein Thema zwischen Dramatisierung und Tabuisierung. In: Das Lehrerhandbuch. Raabe, Stuttgart 1999

HURRELMANN K./RIXIUS/SCHIRP u.a.: Gewalt in der Schule. Ursachen, Vorbeugen, Intervention. Beltz, Weinheim/Basel 2000

OLWEUS, DAN: Gewalt in der Schule. Was Lehrer und Eltern wissen sollten – und tun können. Hans Huber, Bern/Göttingen/Toronto/Seattle 2. A. 1996

WÖBKEN-EKERT, GUNDA: „Vor der Pause habe ich richtig Angst!" Gewalt und Mobbing unter Jugendlichen. Was man dagegen tun kann. Campus, Frankfurt/Main, New York 1998

Institut für Friedenspädagogik Tübingen e.V., Bundeszentrale für politische Bildung, Bonn (Hrsg.): CD-ROM: Konflikte XXL, Konfliktberatung als Gewaltprävention. 1. Auflage 2002. Für 1,50 Euro zu beziehen über: Bundeszentrale für politische Bildung, Berliner Freiheit 20, 53111 Bonn. E-Mail: info@bpb.de

Mobbing

KASPER, HORST: Streber, Petzer, Sündenböcke. Wege aus dem täglichen Elend des Schülermobbings. AOL, Lichtenau 2001

KASPER, HORST: Schülermobbing – tun wir was dagegen! AOL, Lichtenau 2002 (ausführlicher Fragebogen)

KASPER, HORST: Prügel, Mobbing, Pöbeleien. Cornelsen Scriptor, Berlin 2003

SINGER, K: Die Würde des Schülers ist antastbar. Vom Alltag in unseren Schulen und wie wir ihn verändern können. Rowohlt, Reinbek 1998

Gewalt durch Sprache

MILLER, REINHOLD: „Du dumme Sau!" Von der Beschimpfung zum fairen Gespräch. AOL, Lichtenau 1999

MILLER, REINHOLD: „Halt's Maul, du dumme Sau!" Schritte zum fairen Gespräch. Arbeitsbuch zu „Du dumme Sau!" AOL, Lichtenau 1999

SCHAD, UTE: Verbale Gewalt bei Jugendlichen. Juventa, Weinheim, München 1996. Über Bibliotheken auszuleihen.

TRÖMEL-PLÖTZ, SENTA (Hrsg.): Gewalt durch Sprache. Die Vergewaltigung von Frauen in Gesprächen. Fischer, Frankfurt/M. 1996 Erstaufl. 1984, Neuaufl. 2004 bei Milena Verlag (über Bibliotheken auszuleihen)

Geschlechtsspezifischer Ansatz

BOLDT, ULI: Ich bin froh, dass ich ein Junge bin – Materialien zur Jungenarbeit in der Schule. Schneider, Hohengehren 2001

HEILIGER, ANITA: Männergewalt gegen Frauen beenden. Leske+Budrich, Opladen 2000

HOPPE, SIEGRID und HARTMUT: Klotzen – Mädchenspiele und Übungen für's Selbstbewusstsein und Selbstbehauptung. Verlag an der Ruhr 1998

SIELERT, U.: Praxishandbuch für die Jugendarbeit. Band 2: Jungenarbeit. Weinheim u.a. 1989 (der Klassiker zur Jungenarbeit mit einem ausführlichem Theorieteil und vielen Methoden)

SCHNACK, DIETER / NEUTZLING, RAINER: Kleine Helden in Not – Jungen auf der Suche nach Männlichkeit. Rowolt, Reinbek 1999

Gewalt gegen Mädchen an Schulen, kostenlose Broschüre, zu beziehen über die Senatsverwaltung für Arbeit und Frauen, Info-Stelle, Klosterstr. 47, 10179 Berlin (weiterführende Literaturangaben zu Mädchen- und Jungenarbeit)

Mit Konflikten klarkommen

AKIN, TERRI u.a.: Gefühle spielen immer mit. Mit Emotionen klarkommen. Verlag an der Ruhr, Mühlheim 2000

KLEBER, HUBERT: Konflikte gewaltfrei lösen. Medien und Alltagsgewalt: Ein Trainingsprogramm für die Sekundarstufe I. Mit CD-ROM. Cornelsen Scriptor, Berlin 2003

LOHMANN, GERT: Mit Schülern klarkommen. Professioneller Umgang mit Unterrichtsstörungen und Disziplinkonflikten. Cornelsen Scriptor, Berlin 2003

MILLER, REINHOLD: „Du dumme Sau!" Von der Beschimpfung zum fairen Gespräch. AOL, Lichtenau 1998

WALKER, JAMIE: Gewaltfreier Umgang mit Konflikten in der Sekundarstufe I. Cornelsen Scriptor, Berlin, 5. A. 1999

SCHULTZ VON THUN, FRIEDEMANN: Miteinander reden, Bd. 1-3. Rowohlt, Reinbek 1998

Streitschlichtung/Mediation

DULABAUM, NINA L.: Mediation: Das ABC. Die Kunst, in Konflikten erfolgreich zu vermitteln. Beltz, Weinheim 2002

FALLER, KURT u.a.: Konflikte selber lösen. Mediation für Schule und Jugendarbeit. Verlag an der Ruhr, Mühlheim 1998

JEFFERYS, KARIN/NOACK, UTE: Streiten – Vermitteln – Lösen. Das Schüler-Streitschlichter-Programm, AOL Verlag, Lichtenau, 3. A. 1999

www.global-lernen.de (link „Konflikt")

Sozialtraining

MITSCHKA, R.: Die Klasse als Team: Ein Wegweiser zum sozialen Lernen. Veritas, Linz 1997

PETERMANN, FRANZ u.a.: Sozialtraining in der Schule. Beltz, Weinheim, 2. A. 1999

KORTE, J.: Stundenentwürfe zur sozialen Unterweisung. Beltz, Weinheim 1997

Aufmerksamkeits-Defizit-Syndrom

AUST-CLAUS, E./HAMMER, P M · Das A.D.S. Buch. Oberstebrink-Verlag, Ratingen, 1999

KROWATSCHEK, DIETER/KROWATSCHEK, GITTA: Soziales Lernen mit ADS-Kindern. AOL Verlag, Lichtenau 2002

Gewalt gegen Lehrkräfte – Gewalt durch Lehrkräfte

STAUDT, CORINNA: LehrerInnen – nur Opfer oder auch Täter? Ein Bericht aus der Schülerperspektive. In: Pädagogik, Heft 3/94, Beltz

KRUMM, VOLKER: Machtmissbrauch von Lehrern. Ein Tabu im Diskurs über Gewalt in der Schule. In: Journal für Schulentwicklung 3/1999. Studienverlag Innsbruck, Wien 1999

KRUMM, VOLKER: Aggression in der Schule. Lehrer können mehr tun, als sie glauben. In: Schmälzle, Udo (Hrsg.): Mit Gewalt leben.

KRUMM, V. LAMMBERGER-BAUMNN, B, HAIDER G. (Hrsg.): Gewalt in der Schule – auch von Lehrern. In: Empirische Pädagogik, 2/97, S. 257 – 274.

Weitere Literaturtipps unter: www.leu.bw.schule.de/allg/gewalt

Darunter Titel, die in keiner Lehrerbibliothek fehlen sollten (Bibliografien s.o.):

AUST-CLAUS, E./HAMMER, P.M.: Das ADS Buch.

KASPER, HORST: Streber, Petzer, Sündenböcke. Wege aus dem alltäglichen Elend des Schülermobbings.

MITSCHKA, R.: Die Klasse als Team

OLWEUS, DAN: Gewalt in der Schule. Was Lehrer und Eltern wissen sollten – und tun können.

SCHNACK, DIETER/NEUTZLING, RAINER: Kleine Helden in Not.

SCHULTZ VON THUN, FRIEDEMANN: Miteinander reden.

Senatsverwaltung für Arbeit und Frauen Berlin (Hrsg.): Gewalt gegen Mädchen an Schulen.

WALKER, JAMIE (Hrsg.): Mediation in der Schule.

CD-ROM: Konflikte XXL des Instituts für Friedenspädagogik

Filmtipps

Zahlreiche Filmtipps zur Gewaltproblematik mit Kurzbeschreibung finden Sie unter www.leu.bw.schule.de/allg/gewalt/ und der Seite „Filmtipps" oder direkt unter

www.schule-bw.de/unterricht/paedagogik/gewaltprävention/kbuero/film.html

Die Filme können kostenlos beim Landesmedienzentrum bzw. den Kreismedienzentren in Baden-Württemberg ausgeliehen werden.

Ein im Jahre 2003 erstellter bundesweiter Lehrfilm zur Gewaltprävention ist kostenlos bei jeder kriminalpolizeilichen Beratungsstelle erhältlich.

Nützliche Adressen und Internetadressen

Kontaktbüro Gewaltprävention des Kultusministeriums Baden-Württemberg, Königstr.19a, 70173 Stuttgart, Telefon 0711/279-2912/3, Fax: 0711/279-2877. Umfangreiches Informationsangebot und viele Projektbeschreibungen im Internet unter www.leu.bw.schule.de/allg/gewalt

Bundesverband Mediation e.V., Fachgruppe Schule und Jugend, Kirchweg 80, 34119 Kassel, E-Mail: info@BmeV.de

Aktion Jugendschutz: Ajs, Stafflenbergstr. 44, 70184 Stuttgart, www.ajs-bw.de

Deutscher Kinderschutzbund, Schiffsgraben 29, 30159 Hannover, Tel: 0511/30485, www.dksb.de

www.km.bwl.de/foren/gewalt

www.gewalt-in-der-schule.info (Internationales Internetportal, Visionary)

www.polizei.propk.de (umfangreiches Medienpaket der Polizei zur Gewaltprävention an Schulen)

www.global-lernen.de

www. kidsmobbing.de

www. schulberatung.bayern.de/vpmob.htm

Textquellen der Materialien auf der CD-ROM
Material 13 + 16: Horst Kasper: Prügel, Mobbing, Pöbeleien. Cornelsen Scriptor, 2003; Material 20: © S.Fischer Verlag GmbH, Frankfurt am Main 1987; Material 21: Christine Nöstliner/Jutta Bauer: Ein und alles. Beltz & Gelberg Verlag, Weinheim und Basel 1992/2002; Material 22: © Franz Hohler, 2004; Material 23: Mit Genehmigung des Verlages Klaus Wagenbach, Berlin vertreten durch Gustav Kiepenheuer Bühnenvertriebs-GmbH, Berlin; Material 24: © Copyright Stefan S.Brecht 1965: Alle Rechte vorbehalten durch Suhrkamp Verlag, Frankfurt am Main